Next 教科書シリーズ

教育心理学

和田 万紀 編

弘文堂

はじめに

　本書は、大学や短期大学等において、教職課程で教育心理学を学ぼうとする人や、教育における心理学的観点に興味を持つ人などを対象とした教科書として企画されました。そこで次の特徴を備えた教科書になるように編集しています。

　1. 教員採用試験、または公務員採用試験を受験し、合格することが目的の人のための教科書を目指します。したがって、なるべく受験に役立つ内容を想定しています。

　そのためにまず、教育心理学に関する基本的な理論や研究を確実に学ぶことを目的とします。そして各章末には、試験問題を付録として設けて、解説を行います。これは、受験する立場からは、試験問題の例を知るとともに、試験問題作成者は、その章で何を学び、どのような知識を蓄えてほしいと願っているのか、を知ってもらいたいからです。

　2. 現実場面での問題解決に向けて、教育心理学の基礎的思考へ戻ることができることを目指します。

　教育場面で実際に直面する問題や課題は、多岐にわたります。そのとき、具体的な解決策をどのように考えて、何をどのように実行すればよいのかという見通しを立てることは重要です。教育の現実場面、そして教職または教育公務員などの職場で生じる諸問題の理解と解決に向けて、考えるための一助として、教育心理学の基礎的な研究や理論に立ち戻ることができるように、この教科書を利用していただきたいと思います。

　ほぼ1世紀前に「教育心理学」という名称の書物が初めて出版されました。その内容は、21世紀の今、読みかえしても違和感がありません。教育という営みに心理学が果たす役割は、時を超えて大きいといわざるを得ません。

　この教科書が教育という場に携わる皆さんの一助となるならば幸いです。

平成26年　立春
和田　万紀

目　次　Next教科書シリーズ『教育心理学』

はじめに…iii

序章　教育心理学を学ぶ…1

1. 教育心理学の目的…2
   A. 教育心理学の定義と目的…2　　B. 心理学の貢献…2
2. 教育心理学の成立の歴史…4
   A. 教育心理学の成立…4　　B. 日本の教育心理学の成立…6
3. 教育心理学の領域…7
   A. 教育心理学の領域…7　　B. 学習…8　　C. 発達…8
   D. 教育評価と教育測定…9　　E. 集団と適応…9
4. 教育心理学の研究方法…10
   A. 観察法…10　　B. 実験法…10　　C. 質問紙法…11
   D. 心理検査法…11

第1章　発達…13

1. 発達の基礎概念…14
   A. 発達の定義…14　　B. 発達の原理…14
   C. 発達に影響を及ぼす要因…16
   D. 生涯発達に影響する要因…18
2. 発達の諸理論…19
   A. ピアジェの発生的認識論…19
   B. ヴィゴツキーの歴史的文化的発達理論…21
   C. フロイトの心理性的発達理論…22
   D. エリクソンの心理社会的発達…23
   E. コールバーグの道徳性の発達…24
3. 発達段階と各発達段階の特徴…25
   A. 乳児期…25　　B. 幼児期…29　　C. 児童期…30
   D. 青年期…31　　E. 成人期…32　　F. 老年期…33

● トピック　文化と発達…33
● 知識を確認しよう…35

第2章　記憶と知識…37

1　記憶のしくみ…38

 A. 記憶の過程…38　　B. 忘却…39

2　記憶の分類…41

 A. 感覚記憶…41　　B. 短期記憶…41　　C. 長期記憶…43

3　記憶の特徴…45

 A. 処理水準説…45　　B. 自己照合効果…45
 C. 生成効果…46　　D. 符号化特定性原理…46
 E. 集中練習と分散練習…47　　F. 記憶の変容…47

4　知識の表象…48

 A. スキーマとスクリプト…48　　B. 概念とカテゴリ…49
 C. 階層的意味ネットワークモデル…49
 D. 活性化拡散モデル…51　　E. 知識の均衡化…52

5　知識と教育…52

 A. 先行オーガナイザー…52
 B. 概念地図法…53　　C. 素朴理論…54
 D. 知識の剥落…55　　E. 知識の獲得と学校教育…55

●トピック　系列位置効果…56
●知識を確認しよう…60

第3章　動機づけ…61

1　動機と行動…62

 A. 動機づけとは何か…62　　B. 達成動機と行動…64
 C. 内発的動機づけ…67

2　原因帰属…70

 A. 原因帰属と行動…70　　B. 学習性無力感…73

3　学習目標…74

 A. 達成目標…74　　B. 社会的責任目標と動機づけ…75

●トピック　社会的関係と動機づけ…76
●知識を確認しよう…79

第4章　学習…81

1　学習の捉え方の分類と教授法…82

 A. 学習を「行動の変容」と捉える立場…82
 B. 学習を「知識の構築」と捉える立場…87

2　学習と教育の相互作用…95
　　　　A. 適性処遇交互作用…95　　B. 個に応じた指導をめぐる議論…97
　●トピック　学習に対するもう一つの立場 ― 状況論的アプローチ…98
　●知識を確認しよう…101

第5章　測定と評価…103

　　1　心理学における測定…104
　　　　A. 個人差の心理学と計量心理学…104
　　2　知能…108
　　　　A. 知能の理論と測定方法…108
　　3　評価…118
　　　　A. 学習評価の方式…119　　B. 学習評価の機能による分類…120
　　　　C. 評価に影響を及ぼす心理的要因…122

　●トピック　妥当性と信頼性…124
　●知識を確認しよう…127

第6章　教育相談…129

　　1　教育相談とは…130
　　　　A. 教育相談の定義と役割…130　　B. 教育相談の3領域…131
　　2　パーソナリティと自己概念…132
　　　　A. パーソナリティとは…132　　B. 類型論と特性論…133
　　　　C. パーソナリティの測定…134
　　　　D. 個性尊重とパーソナリティの成長…135　　E. 自己概念…135
　　3　適応と不適応…135
　　　　A. 葛藤（コンフリクト）…136
　　　　B. 欲求不満（フラストレーション）…136　　C. 適応機制…136
　　4　問題行動…137
　　　　A. 不登校…137　　B. さまざまな心の不調：精神疾患…138
　　　　C. 発達障害…140　　D. いじめ…142　　E. 非行…142
　　　　F. 自殺…143
　　5　カウンセリング…144
　　　　A. カウンセリング・マインド：話を聞くということは、…145
　　　　B. カウンセリング理論と技法…145
　　　　C. スクールカウンセラー…146

　●トピック：教育相談に役立つ心理学の研究例…146
　●知識を確認しよう…149

第7章　学級経営…151

1　学級経営とは何か…152

　A.学級経営の定義的・意味的視点…152
　B.学級経営を支える基本的知識…153
　C.具体的な学級経営…155　　D.学級経営と教師…162

2　学級経営とロール・プレイング…165

　A.ロール・プレイングとは何か…165
　B.学級経営とロール・プレイング、ロール・テイキングの関連性…166

●トピック　ロール・プレイング…170
●知識を確認しよう…172

第8章　組織としての学校…175

1　学校組織の構造…176

　A.組織の構造…176　　B.学校組織の特徴…178

2　学校の組織風土…181

　A.組織風土とは何か…181　　B.組織風土の構成要素…181
　C.学校風土…182

3　学校組織のリーダーシップ…182

　A.リーダーシップとは何か…182
　B.校長および教頭のリーダーシップ…185
　C.教師のリーダーシップ…185
　D.これからの学校組織に求められるリーダーシップ…186

4　教師のストレス…186

　A.ストレッサーとストレイン…187
　B.教師を取り巻くストレッサー…187
　C.ストレイン、教師のバーンアウト…188

●トピック　これからの学校組織についての心理学的研究…189
●知識を確認しよう…193

●知識を確認しよう　解説…195

索引…204

序章 教育心理学を学ぶ

> **キーワード**
>
> 心理学　　　　　　実証的方法
> 実験教育学　　　　アクション・リサーチ
> 実践研究　　　　　教育心理学の歴史
> 教育心理学の領域　教育心理学の方法

本章のポイント

　教育心理学は、教育学と心理学が単に合体した学問ではない。教育という幅広い人間の活動を、学際的に、かつ、実証的方法を用いながら探求しようとするものである。さらに、教育の実際場面での問題を取り上げて、その問題解決にも挑戦しようとするのである。
　これから教育心理学を学ぼうとする皆さんに、教育心理学の目的は何かを問いかけながら、現実の教育場面を常に目の前に置き、その問いにどのように答えるのかを考えるための案内とする。

1 教育心理学の目的

A 教育心理学の定義と目的

　教育心理学は、教育全般に関わる問題について心理学を基礎として研究する学問である。教育心理学の目的は、教育という事象を理論的、実証的に明らかにして、教育の改善に資することと定義されている（日本教育心理学会、2003）。つまり、心理学の研究成果を教育場面へ適用して教育の実践に反映させ、教育目標の達成に寄与することである。

　現代の日本に生きる私たちにとって教育の場は、単に学校だけで展開されるものではなく、家庭や地域の活動においても、また学校を卒業した後も提供されている。さらに最近の情報技術の進化により、いつでも、どこでも教育を受けることが可能な時代である。その中で現代の教育心理学は、教育という事象を対象として、心理学を基礎とする学術的側面と、それらの基礎研究を基にした実際の教育場面への応用、という側面を持つ。

　まず教育という事象を理論的、実証的に明らかにする目的がある。それは、教育場面での現象の解明と、教育問題を普遍的で一般的な問題へと抽象化して検討を加えるものである。しかしそれは、教育の実践的な場面への直接的な適用や応用に際しては、結果を直結させて具体的な解決を導くためには距離があり、教育心理学自体が教育の実際とはかけ離れた学問とみなされることがある。

　確かに、現場の問題を直接的に解決するためには、学術的観点からの研究だけでは十分ではない。そこで、具体的な教育の現場での問題を直接的に取り上げて、心理学の理論や方法を用いながら解決を目指していこうとする立場が最近増えている。これが第2の目的となる。

B 心理学の貢献

　人間は、他者との関わりを通じて学び、発達する存在である。その中で教育心理学は、幅広い範囲を対象とすることになる。さらに教育とは、特定の目的や意図をもって、学習者と関わる行為となる。そこには、価値が介入することは避けることができない。また、学校という教育制度の中で

計画的に働きかけを行うときのように、教育の場の独自性が強調されなければならない。

　それでは、心理学のどのような特徴が教育に有効となるのか。

　まず心理学には、個人差、発達、学習、思考、対人関係、集団の特徴、教授法などを対象として、教育に関わる人間とその心の過程を個人に還元しながら研究を行い、その成果の積み重ねがある。したがってこれらの心理学の理論や方法、研究成果を、教育場面に還元して応用することが可能となる。

　しかしこの立場からは、教育という現象の解明に力点が置かれており、教育の現場で生じている問題を直接取り上げて解明するというよりは、それを普遍的な問題へと抽象化したうえで、解明することになる。そのような心理学の基礎的な知見や理論は、あくまでも普遍的な人間を想定しており、それを具体的な教育現場の個々の問題解決への提言とすることが、時には妥当ではないと指摘されることもある。もちろん、単に心理学の一般法則や基礎的知見だけで、教育の問題を解決できるわけではない。たとえば、校内暴力や不登校、いじめ、学力問題など、現代の教育場面で苦慮している問題は多く存在し、その解決に向けては、学際的なアプローチが必要となることは明らかである。

　また現代の心理学は、その誕生の歴史において実証的方法を取り入れている。この実証的方法を教育心理学も用いることになる。たとえば、教育場面で生じる問題をまず記述して、その原因や要因を探る。そして因果関係の仮説を立てて実際にデータを収集して、その分析から何らかの法則性を明らかにしようとする。それによって、問題改善にむけての対策を提言できる。さらにその対策の導入効果の検証も行うことも可能である。

　教育心理学は、心理学の実証的方法を取り入れて、具体的なデータを基にしながら、実際の教育場面の問題解決に適用しようとするのである。

2 教育心理学の成立の歴史

A 教育心理学の成立

　教育が心理学と関わりを持ち、教育心理学へと発展していく最初の過程は、哲学からの影響を大きく受けた。そこでは「望ましい教育とは何か」という観点から理想を掲げ、実践に関わった。

　フランスでは、ルソー（Rousseau, J.-J. 1712～1778）が1762年にその著書『エミール』で、孤児エミールの成長に与える自然に従った人間の本性を尊重した教育の影響力を述べた。またペスタロッチ（Pestalozzi, J. H. 1764～1827）は、形式的な授業や記憶の重視、罰による動機づけの喚起など、教育における個人の活動の重要性、個人の成長、そして個人に即した訓練と学びの重要性を強調した。

　教育における心理学の重要性に注目したのはヘルバルト（Helbart, J. F. 1776～1841）である。彼はカント（Kant, I. 1724～1804）の後にケーニヘスベルグ大学で哲学の教授に就任した。彼は、教育における個人の興味の重要性を強調している。また『一般教育学』(1806)において、教育の目標を倫理学に求め、その方法を心理学に求めて心理学の役割を指摘した。

　現代心理学の成立は、教育心理学に大きく貢献している。その現代心理学は、実験心理学の祖となるヴント（Wundt, W. 1832～1920）に負うところが大きい。1879年ヴントは、ライプチッヒ大学に心理学実験室を開設して、心理学に「実験」という方法論を確立させることに貢献をした。彼のもとで学んだ研究者の中から、教育心理学に貢献する研究者が出現することになる。特に19世紀末から20世紀初頭にかけては、アメリカで教育心理学が発展することになった。

　ジェームズ（James, W. 1842～1910）は、心理学と哲学とがまだ融合的状態にあった1890年に『心理学の原理』を出版した。彼は、人の存在を要素に分けて考えるのではなく、全体的な観点から捉えようとする立場をとり、意識の重要性を強調した。さらに、1899年には「心理学における教師との対話、人生の理想についての生徒との対話」と題して教育心理学に関連した著作を出版している。

ジェームズの指導を受け、アメリカ心理学会の初代会長となったホール (Hall, G. S. 1844〜1924) は、アメリカで初の心理学実験室をジョンズホプキンス大学に開設している。さらに、American Journal of Psychology (アメリカ心理学研究) や Pedagogical Seminary (教育学セミナー) を刊行した。その中で、発達心理学の研究を発展させている。そして、親や教師を含めて共同研究を行うという児童研究運動を起こして、1893年に児童研究協会を発足させた。

デューイ (Dewey, J. 1859〜1952) は、1884年に『新心理学』を出版すると同時に、哲学の論文も発表するなど、哲学者であり心理学者でもあろうとした。彼は、シカゴ大学に設立した実験学校での教育にも関心を向けており、『学校と社会』(1899)、さらに子どもの動機づけや問題解決能力の重要性を示した『教育における興味と努力』(1913) などの著作がある。

ヴントに学んだモイマン (Meumann, E. 1862〜1915) は、実験心理学の方法を教育学に取り入れて、『実験教育学講義』(1907)、『実験教育学網要』(1914) などを著した。彼は、児童の発達段階に合わせた教育の展開を主張している。彼の実験教育学の研究課題には、児童の心身発達、知覚、記憶、その他の精神的能力、個性、個人差と知能検査、学校作業における児童の行動、教科における心的作業の分析、教授法と教師の行動、などがあり、現代の教育心理学の領域、内容をほぼ網羅している。

ソーンダイク (Thorndike, E. L. 1874〜1949) は、アメリカで教育測定運動を展開して、『精神測定と社会測定理論』(1904) を出版した。さらに、『教育心理学』(全3巻) (1913〜1914) を発行した。この第1巻には、人間の生得的性質が述べられており、教師のために児童の心理が解説されている。第2巻は、読みについての能力や計算や問題解決について、そして第3巻には、作業と疲労、個人差などが述べられている。

一方、イギリスではゴールトン (Sir Galton, F. 1822〜1911) が個人差の研究や双生児、天才の遺伝の研究を行い、「知的能力の測定器具」を開発している。フランスではビネー (Binet, A. 1857〜1911) が、フランスで初めて「心理学年報」を出版した (1895)。彼は、学校関係者や管理者とともに教育問題の討議や研究を行い、発達が遅れている児童に対する社会的施策を求めていった。それは、1905年にシモン (Simon, T.) との共同で「ビネー・シモ

ン式知能検査」の開発となって結実した。これを契機に、知的能力や学力の定義およびそれらの測定についての議論が展開されると同時に、世界各国で知能検査が翻訳されて実施された。特にアメリカでは、集団で知能検査が実施できるように開発されたことは、その後の心理検査の発展にも大きく寄与することとなった。

B 日本の教育心理学の成立

　日本における教育心理学の歴史は、明治期の心理学の導入と並行して、欧米での研究成果を取り入れる形で始まった。

　1888年には元良勇次郎（1858〜1912）が、ホールのもとで博士号を取得して帰国し、特に児童心理学やその研究方法について紹介した。彼は帝国大学と高等師範学校の教授として心理学を担当して、教育に関する実証的研究を進めた。また当時は、教員養成のための心理学のテキストとして、有賀長雄が1885年に『教育適用心理学』を出版している。

　その後、モイマンの実験教育学やソーンダイクの教育心理学の影響を大きく受けるようになった。そして、ビネーとシモンが開発した知能検査の翻訳が行われて、主に心理学者がその日本版の標準化を行った。そして、1916年に松本亦太郎（1865〜1943）、樽埼浅太郎（1881〜1974）によって『教育的心理学』が発行された。

　1926年、田中寛一（1882〜1962）らによる学術雑誌「教育心理研究」が創刊されて、わが国における教育心理学の研究成果を発表できる場が提供された。そして第2次世界大戦後の大学改革後、教員養成の教育課程に教育心理学が位置づけられた。また、1952年に「日本教育心理学協会」（現在は「日本教育心理学会」）が設立、1953年に「教育心理学研究」が発刊された。

　この「教育心理学研究」に現在では、「実践研究」という部門が加えられて、アクション・リサーチという方法が適用されている。それは、一般的な法則の確立や理論構築を目指す研究というよりも、実践的な教育場面において問題解決をするという実践的な方法であり、教育の改善に資するという目的を達成するものでもある。

3 教育心理学の領域

A 教育心理学の領域

　教育心理学が取り扱う内容は、教育が学校教育だけに限定されない現状を踏まえると、非常に広範囲となる。しかし実際に取り扱う内容は、主に学校教育の中での問題が中心となる。

　歴史的な観点からみてみると、教育心理学という学問分野の成立に大きく貢献したソーンダイクは、その著書『教育心理学』(1913～1914) において、主に人間の本性（原性）、学習の心理、作業と疲労および個人差について記述している。その「序言」には、「原理原則を実際の教育場面で経験し、実際の問題を通してそれを明らかにして確認し、教育の理論と実際の問題に応用することを希望する」、と述べている。

　またゲイツら (Gates, Jersild, McConnel, & Challman, 1948) は、その著書『教育心理学』の内容を、身体の成長、情動、認知、社会的行動および精神発達、知能とその測定、学習、適応、教育評価などとしている。さらに、教師を含めたメンタルヘルスの問題を取り上げて記載している。教育心理学の草創期に、児童、生徒そして教師の立場においても、精神的健康の問題に焦点を当てていたことは重要である。この内容に、集団、教師と生徒の人間関係などが加えられると、ほぼ現在の教育心理学の領域が網羅されることになる。

　現在、日本における教育職員免許法施行規則によると、各校種の教諭の普通免許状（一種免許状）の授与を受ける場合に必要とされる教職に関する科目について、教育の基礎理論に関する科目として、「幼児、児童及び生徒の心身の発達及び学習の過程（障害のある幼児、児童及び生徒の心身の発達及び学習の過程を含む。）」という事項と、生徒指導、教育相談及び進路指導等に関する科目として、「教育相談（カウンセリングに関する基礎的な知識を含む。）の理論及び方法」が定められている。教育心理学が寄与できる領域、内容がここに主として示されている。

　表1に、日本教育心理学会が年1回発行している「教育心理学年報」をもとに、上記を含めて教育心理学の領域、内容を示す。

表1 教育心理学の主な領域

「1」発達	乳幼児の心理、児童心理、青年心理、成人、高齢者の心理
「2」人格	パーソナリティー理論と測定、自己・自我、アイデンティ
「3」社会	学級集団、家族関係、対人関係、教師―生徒関係など
「4」教授・学習	学習理論、授業理論、教科学習、教育工学、知識・概念の獲得など
「5」測定・評価	教育評価、テスト理論、教育統計、データ解析法など
「6」臨床	教育相談、学校臨床、不登校、非行、同調行動、矯正など
「7」特別支援教育	発達障害、特別支援、リハビリテーションなど
「8」学校心理学	楽手援助、スクールカウンセリング、学校教育相談など

B 学習

　教育には、学習しよう、教育を受けようとする学習者と、教育を行う指導者が存在する。そこでは、学習と学習指導が展開されており、基礎的な学習の成立過程と学習者一人ひとりの学びの特徴を把握すること、そして、いかに指導するのかが問われることになる。

　学習者の立場からは、学習を成立させる基礎的過程、たとえば学習への興味や関心、意欲などがどのように形成されて発展するのか、また、できなかったことができるようになる、知識を獲得して応用する、考えるなどの過程は、どのように進行するのか、が問題となる。一方、指導する立場からは、学習成立に効果的な教授法、指導法とはどのようなものか、また学習者に、いつ、どのような働きかけをするのがよいのか、などが問題となる。

　その一方で、教育成果はどのような方法、内容で測定して評価するのか、それを学習意欲へと反映させて次のステップへとどのように導くのかが問題となる。さらに、集団教育を行ううえで、学級という集団を指導者としてどのように取りまとめて統率していくのか、指導者に求められる指導能力とはどのような内容かなどが問題となる。

C 発達

　人は生まれてから死にいたるまで、遺伝的な生物学的要因と社会や文化などの環境的要因との影響を受けながら、その心身の形態や機能が変化す

る。ここでは、たとえば教育場面での教師から生徒への働きかけなどが、個人の持つ能力をいつ、いかに引き出すことができるのか、が問われることになる。さらに身体的発達と精神的発達との関連性や社会性、対人関係の発達、個人的特性、パーソナリティの形成と集団との関わりなどが問題となる。

また、発達過程には一般的な特徴と同時に、個人特有の特徴が現れる。発達の障害や遅滞など個別の事象にも十分に対応しながら教育を展開するためにも、発達の理解が必要になる。

D 教育評価と教育測定

教育はその結果として、評価を伴う。その評価によって、次の指導が決定されるとともに、評価を受けた者は次の学習段階へと移動することになる。この際の評価の対象は、学力、知的能力などとなる。そこで、測定対象となる学力や知的能力の定義と、それに対応する内容の何を測定するのか、また測定結果が何を意味するのか、等を明確にすることが求められる。評価と測定については、その基準となる定義、価値観がその結果に大きく影響する。

E 集団と適応

個人と集団、集団への適応についても重要である。最も身近には家族という集団をはじめとして、児童、生徒は1日の多くの時間を、学級集団やクラブ、学校以外では塾やお稽古ごとなど、数種類の集団の一員として過ごしている。そしてその集団こそが、社会となるのである。その中では、人間関係や個人と集団との相互作用などが展開されている。もしもそこに適応できないと、どのような心理的機能が働き行動へと現れるのか。また、集団になじめずに、時には問題行動を引き起こす場合など、その対処も含めて個人と集団に関連する心理学の知見が問われることになる。

4 教育心理学の研究方法

　教育学心理学の成立の過程からも明らかなように、その方法論は、心理学の方法論を取り入れたものとなっている。特に、実証的に現象の解明と理解を目的とするために、実験や調査、観察、実践などの方法をとる。また、分析も一般的な個人や個人間に還元して行うことが多い。

A　観察法

　観察は、普段私たちが多く使用している方法である。他者から観察可能な行動や表情、しぐさなどを指標として、その人の内面的な能力や性格、態度、感情などを推定して理解する方法である。

　そこで観察された現象は、観察記録として用紙やビデオ、写真などさまざまな情報機器を利用して保存する。そしてそれを分析して、行動の質的、量的特徴やその法則性を解明する。

　観察の種類としては、観察場面を自然な状況のままとする自然観察法、研究目的に応じて観察場面を設定して観察を行う実験的観察法がある。また、観察者が被観察者にその存在を明らかにしながら観察をする参加観察法と、観察者が被観察者のその存在を意識させないように、ワンウエイミラーや録画などを行って観察を行う非参加観察法がある。非参加観察法は、参加者がより自然な行動をすることが期待できる。

　観察法の長所は、自然な状態で対象を観察できるために、生態学的妥当性が高いといえる。また、言語理解が困難な乳幼児なども観察対象とできる点がある。しかし分析に際して、研究者の主観が入り込みやすいという欠点も持つため、分析には複数の研究者が参画して、分析結果の一致度を高めることが必要である。

B　実験法

　さまざまな現象や行動についての因果関係を解明しようとして、人為的に統制された条件や場面を設定して行われる方法である。しかし、非常に限定された場面、状況を設定するために、実際の教育場面との乖離が激し

く、生態学的妥当性が低くなる。つまり、実験結果から得られた知見や対処法を、そのまま実際の教育場面へ適用することに困難がある。

実験法では、特定の条件では特定の結果が得られるであろう、という因果関係に関する仮説を立てる。そしてその条件（実験条件）を設定した場合と設定しない場合（統制条件）との間では、結果がどのように異なるのかを比較検討して、仮設の検証を行う。実験条件では、原因と推定される要因、変数が組み込まれているが、統制条件ではその要因、変数以外は実験条件と最大限同じ状態に設定する。そのためにもしも結果に差が認められるならば、実験条件に組み込まれた要因が原因であることが示されることになる。

C 質問紙法

質問紙法は、質問紙を研究者が作成して、行動や態度などを調査する方法である。回答者は、与えられた質問に対して、複数の選択肢から回答を選んだり、何段階かの評定尺度に回答したり、自由記述などを行う。質問紙法によって特定の介入や働きかけの前後に調査を行い、結果の差を検討することによって、因果関係を検討することも可能である。

質問紙の作成に際しては、研究者が何を知りたいのかが明確に表現された質問であること、回答者が質問の意味を十分理解でき、負担を少なくして回答できることを満たすことが重要である。

質問紙法は、回答者が正直に回答することを前提として行われる。もしも回答者が、望ましいと思われる回答や期待される回答、または偽りの回答をする場合には、その結果は信頼性がなくなることになる。

質問紙法は、多数の対象に対して、短時間に簡便に実施可能な方法であるが、回答者の内面をどこまで反映することができるのかが問題となる。また、調査対象をどのように選択するのかについても、偏った集団に対して実施した調査結果から、一般論を推定する際には注意を要する。

D 心理検査法

知能検査やパーソナリティ検査など、市販されている心理検査や、研究者が作成した心理尺度を用いて研究する方法である。特に各検査の信頼性

と妥当性が確証されているかどうかが重要となる。

　検査の信頼性とは、同じ人に、誰が、いつ、何回、心理検査を行っても、同じ結果が得られることである。また検査の妥当性とは、測定しようとしている対象を本当に測定しているのかどうか、ということである。市販されている検査については、信頼性、妥当性について検討がなされているが、研究者が作成した尺度については、信頼性、妥当性が確証されることを確認したのちに使用することになる。

引用参考文献

Gates, A. I., Jersild, A. T., McConnell, T. R., & Challman, R. C. (1942). *Educational Psychology*. 3rd. Eds. (1948). New York ; The Macmillan Company.

今田恵 (1962). 心理学史　岩波書店

James, W. (1899). *Talks to Teachers on Psychology and Students on Some Life's Ideals*. New York ; Henry Holt.

Meumann, E. (1914). *Abrise der Experimentalle Pädagogik*.
　　(モイマン, E.　上野陽一・阿部重孝共編 (訳) (1921). 實驗教育學要綱第2版　大日本図書株式會社)

日本教育心理学会 (編) (2003). 教育心理学ハンドブック　有斐閣

二宮克美・子安増生 (編) (2009). キーワードコレクション　教育心理学――キーワードで学ぶ教育心理学！　新曜社

西川泰夫 (2001). わが国への心理学の受容と定着過程を担った先達たち――外国留学、並びにわが国の教育機関との関わりから　心理学評論, **44**, (4), 441-465.

サトウタツヤ・高砂美樹 (2003). 流れを読む心理学史――世界と日本の心理学　有斐閣

Shultz, D. (1981). *A history of modern psychology*. 3rd Ed. New York ; Academic Press.
　　(シュルツ, D.　村田考次 (訳) (1986). 現代心理学の歴史　培風館)

Thornedike, L. (1913). *Educational Psychology vol. 1 : The original nature of man*. New York ; Teachers College, Columbia University.

Thornedike, L. (1913). *Educational Psychology vol. 2 : The psychology of learning*. New York ; Teachers College, Columbia University.

Thornedike, L. (1914). *Educational Psychology vol. 3 : Mental work and fatigue and individual deifferences and their causes*. New York ; Teachers College, Columbia University.

Thorndike, E. L. (1924). *Educational psychology* : Brief Course.
　　(ソーンダイク, E. L.　田中寛一 (校閲) 安藤文朗・田原博愛 (訳) (1932). 教育心理學　培風館)

梅本堯夫・大山正 (編著) (1994). 新心理学ライブラリ15　心理学史への招待――現代心理学の背景　サイエンス社

第1章 発達

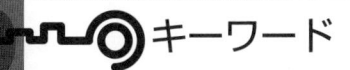

> **🔑 キーワード**
>
> 生涯発達　　成熟
> 学習　　　　ピアジェ
> ヴィゴツキー　エリクソン
> 発達段階　　愛着
> こころの理論　モラトリアム

本章のポイント

　受精から死にいたるまでの生涯における個人の心身の系統的な変化を発達という。人は、個人差はありながらも、特別な障害がない限り、誰でも1歳前後で歩行が可能になるなど、発達的変化には個人差を超えた共通性がある。この変化をもたらす要因は何だろうか。
　発達するという英語の develop の語源は、包むという意味の voluper に、削除するという意味の接頭語 de がついたもので、包みがはがれて中身が出てくることを意味する。もともと持っている私たちの可能性が、徐々に包みが剥がれ発現する様子を表していて興味深い。本章では、このような発達的変化の要因や原理、発達的変化の様子などを学習する。

1 発達の基礎概念

A 発達の定義

　発達とは、人の誕生（あるいは受精）から死にいたるまでの生涯過程における個人内の量的・質的変化のことをさす。従来は、発達は「大きくなる」「うまくなる」など、量的な増加や質的により優れた方向に向かうという価値志向があった。そのような発達観では、発達は乳幼児期から青年期の間の上昇的・進歩的な変化に限定されていた。しかし、高齢化社会の到来に伴って、1980年代頃より、高齢期も含めた下降的な変化も含めて発達と考えるようになってきた。このような考え方を「生涯発達」ともいう。

　発達と類似した概念に成長がある。成長は「身長が伸びる」など、身体的、生理的変化を中心とした量的増大のことをさす。しかし、前述したように、近年の発達の考え方では、量的な増加だけでなく、減衰も含める。また、量的変化だけではなく、質的変化も考慮に入れるというように、発達は成長より包括的な概念となっている。

B 発達の原理

　発達は、複雑な過程ではあるが、そこには、いくつかの法則性が認められる。発達を支える基本的な原理をみてみる。

(1) 発達には順序性がある

　発達は一定の順序によって起きる。たとえば、人が歩けるようになるには、図1-1のように、乳児は寝ている状態から、まず、首が安定し、お座り、はいはい、つかまり立ち、立つ、歩くという順序で可能になる。この順序は、個人によって逆になったり、飛び越したりすることはない。

(2) 発達には方向性がある

　身体発達は頭部から尾部へという方向性と中心部から周辺部へという方向性がある。歩行の発達でも、首の安定から、お座り、立つという頭部から尾部、脚部への発達の方向性をみることができる。また、腕や足のおおまかな運動ができるようになってから、手足の末端での微妙な運動調整ができるようになるのが、中心部から周辺部へという方向性である。

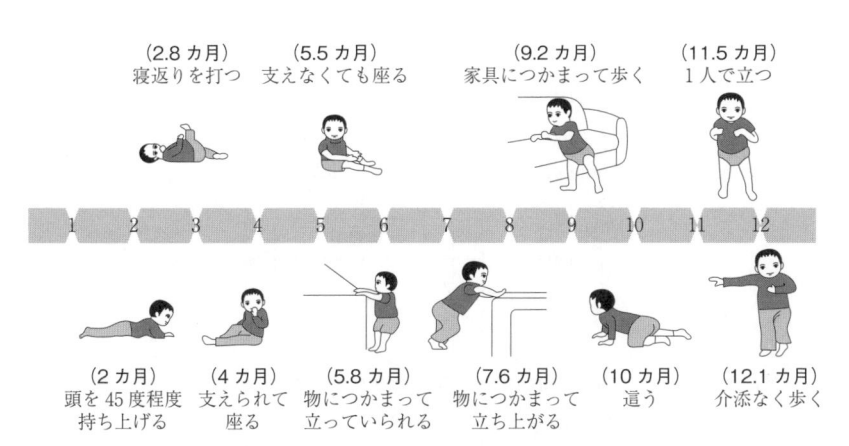

（2.8カ月）寝返りを打つ　（5.5カ月）支えなくても座る　（9.2カ月）家具につかまって歩く　（11.5カ月）1人で立つ

（2カ月）頭を45度程度持ち上げる　（4カ月）支えられて座る　（5.8カ月）物につかまって立っていられる　（7.6カ月）物につかまって立ち上がる　（10カ月）這う　（12.1カ月）介添なく歩く

図1-1　歩行の発達過程（Gerring & Zimbardo, 2002）

（3）発達には連続性がある

発達的変化は休止や飛躍がなく、連続して起きる。たとえば、青年期に顕在化する性的成熟も、青年期に急に出現するわけではなく、それ以前の段階から徐々に準備が進められている。

（4）発達的変化の速度は一定ではない（発達の異速性）

発達は連続的に起きる現象であるが、ある時期には急激な変化が起き、別の時期には変化が緩慢など、その速度は一定ではない。たとえば、スキャモン（Scammon, R. E.）は図1-2のように、20歳のときの発達を100として、各年齢における身体各部の発達の割合を発達曲線として示している。神経型は脳や神経細胞などの発達を示し、人生の初期に大きく発達する。一方、一般型は筋肉や骨格の発達を示し、人生の初期と思春期に急激に発達する。生殖型は卵巣や睾丸で思春期まではほとんど顕在化せず、思春期に急激に発達する。リンパ型は、胸腺やリンパ腺で思春期前に200％近くまで発達するが、その後、100％まで戻る。

（5）発達の個人差は大きい

発達の速さや発達の様態には、個人差があることが広く認められている。発達は年齢にそって進むと考えがちで、特に乳幼児では一定の年齢における標準的発達が示されることも多い。しかし、一定の順序にしたがってバランスのとれた発達を示している場合には、標準的発達からのずれは個人

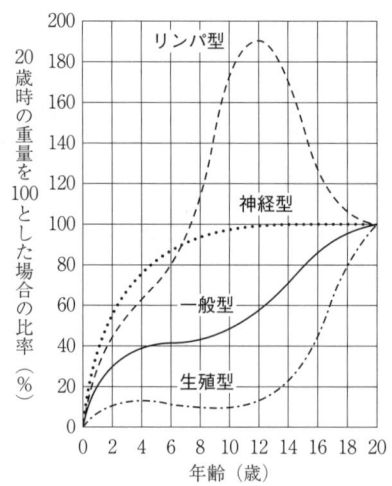

図1-2 スキャモンの発達曲線（Scammon, 1930）

差の範囲とみてよい場合が多い。

C 発達に影響を及ぼす要因

発達に影響を及ぼす要因として、遺伝か環境かという議論が長く行われてきた。最近では、その両方が影響すると考えるのが一般的である。

[1] 成熟優位説（遺伝的要因）

成熟とは、遺伝的に決定される部分の多い、主に神経生理学的成長過程をいう。発達には遺伝的要因が関与していることは広く知られている。

ゲゼル（Gesell, A.）は、一卵性双生児の兄弟に階段のぼりの訓練を実施し、発達における成熟の要因の重要性を示した。一方のTは生後46週から52週までの6週間にわたって階段のぼりの訓練を実施した。この時点では訓練を受けていないもう一方のCは、訓練を受けたTより階段のぼりに約2倍の時間がかかった。しかしCは52週から2週間の訓練で、Tとほとんど変わらない速さで階段を昇ることができるようになった。この結果から、ゲゼルは学習を成立させるためには個体の準備状態（レディネス）が整う必要があると考え、レディネスの形成要因として、成熟を重視した。

[2] 学習優位説（環境的要因）

　学習とは、経験による比較的永続的な行動の変容と定義される。発達において、遺伝的な要因より生後の経験による学習の影響を重視したのが、行動主義心理学のワトソン（Watson, J. B.）である。ワトソンは、発達は習慣、すなわち、刺激（環境）と反応の連合の形成であると考えた。「私に子どもたちと彼らを育てる環境を与えよ。そうすれば、彼らをあなたの望みどおりに育てて見せる。医者、芸術家、泥棒でさえも」という有名なワトソンの言葉に彼の考え方が表れている。

　また、野生児の研究も発達における環境要因の重要性を示している。インドで発見された推定3歳のアマラと推定8歳のカマラは、発見後、シング牧師夫妻に養育されたが、アマラは1年後に死亡し、17歳頃まで生きたカマラも2足歩行さえ困難で、人間社会への適応性を発揮できなかった。

[3] 輻輳説

　シュテルン（Stern, W.）は、発達的変化は遺伝的要因と環境的要因の加算的影響を受けるという輻輳説を提唱した。すべての形質は遺伝的要因と環境的要因の加算的な働きによるもので、両者の相対的な強さは形質によって異なると考えた。

[4] 相互作用説

　現在では、発達的変化は遺伝的要因と環境的要因との相互作用によるという考え方が主流である。

　ジェンセン（Jensen, A. R.）は人間の資質が発現するためには、環境の影響が必要であるが、環境の影響を受ける程度は、形質によって異なるとする環境閾値説を提唱した。図1-3に示すように、身長などは環境があまり整っていなくても、遺伝的素質が発現される。しかし、絶対音感などは環境がかなり整わないと遺伝的な素質が発現されない。このように各形質の発現には、遺伝的要因と環境的要因の両方が必要とされる。

　また、後述のように、ピアジェ（Piaget, J.）やヴィゴツキー（Vygotsky, L. S.）は、独自の立場から遺伝的要因と環境的要因の相互作用を想定している。

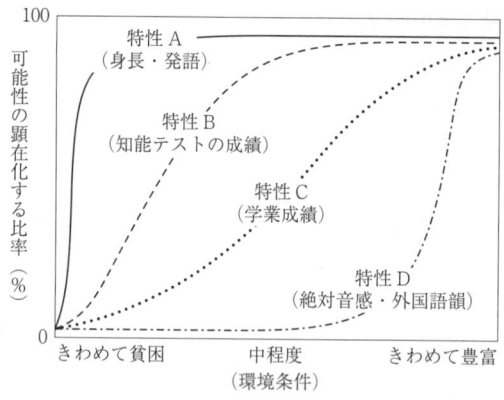

図1-3　環境閾値説（Jensen, 1969）

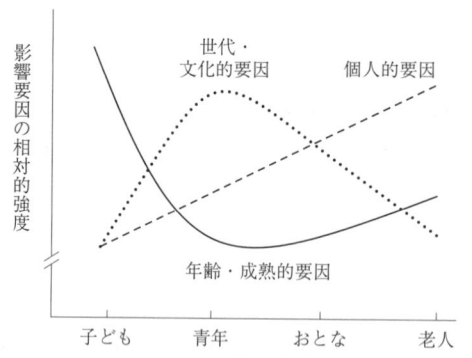

図1-4　環境に影響を及ぼす要因の変化（Baltes, Reese, & Lipsitt, 1980）

D　生涯発達に影響する要因

　1980年代に生涯発達という考え方を示したバルテス（Baltes, P. B.）らは、生涯発達を規定する要因として、図1-4のように①年齢・成熟的要因、②世代・文化的要因、③個人的要因の3要因を考え、それぞれの要因の比重が年齢段階によって変化する様子を概念化した。乳幼児期には成熟の要因、すなわち年齢的な要因が大きく影響する。個人差があるといっても、歩行、言葉の獲得などその年齢段階にいる多くの子どもが経験する発達的変化をみることができる。しかし、年齢が進むにつれ、年齢・成熟の要因の影響

力は小さくなり、代わりに世代・文化による影響が大きくなる。世代・文化の要因は青年期において最も強力になる。たとえば、SNSなどソーシャルメディアの普及は、他の世代に比較して青年期の交友関係に最も強力な影響を与えるであろう。さらに、年齢を重ねるにつれ、個人的要因の影響が増大する。これは、個人の交友関係や結婚、離婚、転職など生活史上の出来事の経験などによる影響である。

2 発達の諸理論

A ピアジェの発生的認識論

　ピアジェは人間の発達を環境への適応過程として捉えている。主に認識・思考の発達を考察の対象とし、発達を段階的に捉えた。

　ピアジェは「シェマ」の変化という観点から、発達を捉えた。シェマとは、個体が持っている一般的な認知の枠組み、あるいは、行動図式といえるもので、シェマを通して個体は環境と相互作用する。子どもは誕生直後から、自分の持っている数少ないシェマを環境に適用している。現在持っているシェマを環境に適用することを同化と呼ぶ。そして、環境にうまく適応できていれば、そのシェマを繰り返し用いる。しかし、そのシェマではうまく適応できない状態、すなわち、バランスが崩れた場合にそのシェマを修正し、より適応可能なシェマに変化させ、環境との適応を図る。シェマを修正して環境に適用することを調節と呼び、同化と調節のバランスを図るプロセスを均衡化と呼ぶ。

　ピアジェは表1-1のような発達段階でシェマの発達を考えている。各段階は独自の構造を持っており、先行する段階で獲得した能力や機能は、後続の段階で要素として統合されると考えた。また、各段階の出現する時期は、子どもの素質と環境との相互作用によって異なるが、段階の出現する順序は不変であると考えた。

　この発達段階では、生後2歳前後より以前は、言語など表象を用いず、外界との相互作用は感覚と運動とによって直接行われるので、感覚運動期

表 1-1　ピアジェの発達段階

Ⅰ．感覚運動期…0～2歳
言語を獲得する前の初期の知能。象徴や言語を必要とせずに、感覚器官と運動器官の共応によって外界を認知し、適応している。2歳以降の象徴や言語を使用した表象期の概念的知能とは異質のもの。

Ⅱ．表象期（概念的知能）…2歳～
1）前操作期…2～6、7歳
言語や概念を習得し、心的表象を形成できるようになる。前操作期は次の2期に区分される。
①概念的思考期…2～4歳
言葉や象徴（シンボル）を用いることができるようになる時期である。子どもの遊びでも、ままごとは、この象徴が使用できるようになったことを示している。しかし、この段階の幼児の概念は大人の概念に比べて不正確で雑多なものを含んでいる。
②直観的思考期…4～6、7歳
直観的思考の段階は、概念による思考が不完全で見た目などに左右されてしまう。たとえば、有名な液量保存の実験では、右図のように同じ形、同じ大きさのAとBの容器、形の違うCの容器を用意する。AとBに水を入れ、AとBに入っている水の量が同じであることを子どもが確認した後、子どもの目の前でBの水をCに移す。そして、AとCのどちらが多いか質問すると、直観的思考期にある幼児は、容器の見た目の形に惑わされて、AまたはCと答える。
また、この時期の子どもの思考には、自己中心性が見られることも知られている。

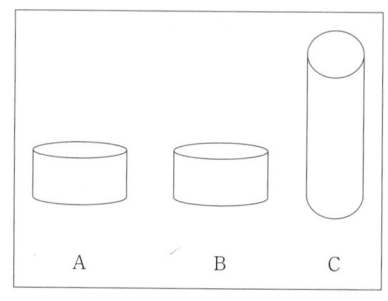

2）具体的操作期…6、7～11、12歳
具体的操作期に入ると、知覚から思考が独立し、特定の具体的な場面に関しては、概念を正確に操作できるようになる。液量や数の保存の概念を獲得し、保存課題に正しく回答できる。しかし、この段階では、抽象的な概念の操作は不正確である。

3）形式的操作期…11、12歳～
形式的操作期では、目の前にある事実の限界を越え、概念を論理の形式に従って操作できるようになる。したがって、思考は論理的になり、また、抽象的思考が可能になる。

と呼ばれる。新生児に見られる原始反射がその例である。

　2歳前後で、心的表象を用いて外界に適応するようになるので、それ以後は、表象期と呼ばれる。表象とは、目の前にない物事を頭の中で再現したものといえる。表象期は、概念の操作が可能になる操作期とそれ以前の前操作期に区分され、操作期はさらに具体的概念のみ操作が可能な具体的

操作期と抽象的概念の操作も可能になる形式的操作期に区分される。

　ピアジェの理論は、子どもの認知発達を理解するうえで、重要な枠組みを提供する。一方、このようなピアジェの理論に対して、子どもの認知能力を過小評価しているという批判もある。たとえば、目に見えなくても物は存在するという物の永続性の概念は、初期の表象機能の現れと考えられるが、ピアジェは、この概念の獲得を生後10ヶ月頃と考えた。目の前にあるおもちゃを布で隠したとき、発達初期の乳児は物が消えたと信じ、探そうとはしない。隠されたおもちゃを探そうとするのが、10ヶ月頃である。ピアジェはこのような探索行動の出現を物の永続性の概念獲得の指標とした。これに対し、バウアー（Bower, T. G. R.）らは、対象が移動して一度衝立の後ろに隠れ、再度、現れてくるという視覚課題を用いて、その対象が再出現すべき場所に現れないと乳児が驚きの表情を見せることから、物の永続性の知識を3～4ヶ月頃に獲得しているとしている。

B　ヴィゴツキーの歴史的文化的発達理論

　ロシアの心理学者ヴィゴツキーは、人間の発達における社会や歴史的要因の重要性を強調した。ヴィゴツキーの研究は1920～30年代に行われたものであるが、1980年代以降、再評価されている。

　ヴィゴツキーは高次精神機能（論理的思考、有意味記憶、注意、意識など）は、文化の体現者である大人との社会的相互交渉を通して発達していくと考えた。ヴィゴツキーによると高次精神機能は発達の過程で2つの水準として現れる。初めは社会的水準で、人との間で精神間カテゴリーとして現れ、次に心理的水準で精神内カテゴリーとして現れる。たとえば、言語獲得の場合は、周囲の大人との間で獲得した言語は、最初は主に他者とのコミュニケーションの道具として機能する（外言）。しかし、子どもはしだいに思考の道具として言語を使用するようになる（内言）。

　また、ヴィゴツキーは、環境の要因を重視し、環境は単に個体が相互作用する対象ではなく、行動の一部だと考え、発達の最近接領域という概念を提唱した。彼は子どもの知的発達に、2つの水準があると仮定している。1つは現在の発達水準で、子どもが課題を自分の力で解決できる水準である。もう1つは他者から適切な助言などの援助を得ることで解決できる水

準である。この水準を発達の最近接領域と呼ぶ。たとえば、伝統的な知能検査で精神年齢が5歳と測定された場合でも、他からの助言があれば、8歳までの問題が解ける場合と、他からの助言が与えられても6歳までの問題しか解けない場合には、その子の知的発達は異なると考える。

　この考え方はレディネスの考え方に転換をもたらした。前述のゲゼルはレディネスにおける成熟の要因を重視した。それに対し、ヴィゴツキーの発達の最近接領域の考え方では、レディネスは個体の成熟だけで決定されるわけではなく、周囲の大人からの働きかけという環境的要因が重要な役割を果たしている。すなわち、成熟を待つ姿勢ではなく、周囲の大人の適切な働きかけによってレディネスを促す立場である。この2つの考え方は教育観にも影響する。成熟優位の立場では、子どもの成熟を待ち、成熟に合わせて教育を行うという教育観になり、発達の最近接領域の考え方では、教育によって子どものレディネスを促進するという教育観につながる。

C　フロイトの心理性的発達理論

　精神分析学の創始者であるフロイト（Freud, S.）は、性的エネルギーであるリビドーを行動の原動力と考え、リビドーの発達により個人の発達を考えた。個人は出生時にすでにリビドーを持っており、それが生物学的な順序性に基づいて、特定の時期に特定の身体部位と結び付いて発現すると考えている。生後1年あまりの時期は授乳などに関わる口唇にリビドーが集中する（口唇期）、2～3歳ではトイレットトレーニングの始まりとともに、リビドーは肛門に移動する（肛門期）。男根期（3～4歳）には男の子は母親に性的関心を持ち、それが父親に対する敵意と恐れを生むというエディプスコンプレックスを経験する。潜伏期（4、5歳～思春期）を経て、思春期以降に成人の性愛である性器期にいたる。この過程でリビドーは、周囲の環境によって、固着や退行が生じることも示している。

　フロイトの理論は、発達における乳幼児期の重要性を示し、後の発達研究に重要な示唆を残した。しかし、一方でフロイトの示した概念は実証不能で、独断的であるという批判もある。

D エリクソンの心理社会的発達

フロイトの弟子であったエリクソン（Erikson, E. H.）は、フロイトの理論をもとに、発達における社会文化的要因を加えた理論を展開した。エリクソンは、個人の成熟に基づく欲求や能力を周囲の社会からの期待や制約との間で調整し、バランスをとることによる自己の発達を重視した。その際に、自己の欲求と周囲の期待や制約との間の葛藤から表1-2のような8つの心理社会的危機を経験するとした。これらの危機は発生的に組み込まれ

表1-2　エリクソンの心理的社会的危機

	危機	時期	内容
1	基本的信頼　対　不信	0～2歳	授乳を通しての母子交渉により、世の中や人間に対する基本的な信頼感を得るか、または、不信感かという危機
2	自律性　対　恥・疑惑	2～4歳	トイレットトレーニングなどから、自分の身体をコントロールできるという感覚を獲得できるか、または、失敗して恥や自己への疑惑を持つか
3	積極性　対　罪悪感	4～6歳	新しく獲得した能力を積極的に試し、自発性を伸ばすか、または、制止されて叱られ罪悪感を持つか
4	勤勉性　対　劣等感	6～12歳	勉学などの課題に勤勉に努力し、今までできなかったことができるようになるという成果をあげるか、または自分の努力の結果を他人と比較することによって劣等感を持つか
5	自我同一性の獲得　対　自我同一性の拡散	12～20歳	今までの自分を振り返り、今までの自分は本当の自分だったのかと疑問を持ち、さまざまな自分を試した結果、これこそ本当の自分であるという実感を持てるか、または、自分がわからなくなる
6	親密性　対　孤独	20～30歳	いったん獲得した自我同一性を柔軟に修正しながら周囲との親密な関係を築くことができるか、または、自分の自我同一性にあまりにも固執して、周囲との親密な関係を築けなくなり孤独に陥るか
7	生殖性（世代性）　対　停滞	30～65歳	次世代を育てることにより、自ら獲得した精神的な資産（分化・伝統など）を伝えていくことができるか、または、次世代への伝達を拒否して停滞してしまうか
8	自己統合　対　絶望	65歳～	自分の人生を振り返り、よいことも悪いこともすべて統合して受け入れられるか、または、深い絶望に襲われるか

た予定表によって出現し、危機を1つずつ解決することでパーソナリティが形成されると考えている。

　フロイトは発達における乳幼児期の経験を重視したが、エリクソンは人格が再統合される青年期を発達における重要な時期と考え、その時期に自我同一性の獲得対自我同一性の拡散という危機を経験するとしている。

E　コールバーグの道徳性の発達

　コールバーグ（Kohlberg, L.）は、道徳的ジレンマを含んだ物語を聞かせ、その物語に対する道徳的判断の仕方によって道徳性の発達を考えた。たとえば、重病の妻のために必要な薬を買うお金が足りない夫が、その薬を盗んでもよいかどうかという判断を求めた。その際、盗んでもよいか、盗むべきでないかという回答だけではなく、なぜそう思うのかという点から、

表1-3　コールバーグの道徳性の発達

段階		特徴
前慣習的水準	段階1 罰と服従への志向	●苦痛と罰を避けるため、大人の力に譲歩し、規則に従う ●自己中心的視点
	段階2 道具主義的相対主義志向	●自分の要求・利益にかなうため規則に従うが、他者も同様の要求を持つことを認め、誰かの直接の利益になるときだけ規則に従う ●具体的・個人主義的視点
慣習的水準	段階3 対人的同調、「よい子」志向	●他者を喜ばせ、他者を助けるために「よく」振る舞い、それによって承認を得る ●他人との関係における個人の視点
	段階4 「法と秩序」志向	●権威を尊重し、社会的秩序を維持することによって、自己の義務を果たす。ある行為を誰もが行ったときの体制の崩壊を避けるため規則に従う ●社会的視点と対人間の協定や動機を区別
慣習以後の原則的水準	段階5 社会契約的法律志向	●他者の権利について考え、全体の幸福とすべての人の権利を守るために法律を作成し、それに従うという社会的契約によって法律への義務感がある ●社会に優先する視点
	段階6 普遍的な倫理原理志向	●実際の法や社会の規則を考えるだけではなく、自らが選択した倫理原則と人間の尊厳性への尊重を考える ●道徳的立場に立つ視点

表1-3のような3水準6段階を設定した。子どもは、罰を避け、報酬を獲得することを善とする前慣習的水準から、他者の期待や他者からの承認を得ることを前提とした慣習的水準を経て、自らが定義した道徳的価値・原理に従って判断しようとする慣習以後の原則的水準に発達する。

3 発達段階と各発達段階の特徴

　発達は連続的な変化ではあるが、その変化に節目があり、いくつかのまとまりとして捉えることができる。ある視点に基づいて、発達過程のまとまりを捉えたものを発達段階という。基準となる視点によって何種類かの区分が考えられる。代表的な発達段階を表1-4に整理した。一般的に、発達心理学の視点で総合的な観点に基づく発達段階を用いる。
　発達段階の区分の時期には個人差があるが、各段階は他の段階と質的に区別できる特徴があり、不可逆的であると考える。また、すべての文化で同様の発達段階を経験することが前提となっている。

A　乳児期
[1] 乳児期の概観
　人は、受精後、母親の胎内で約10ヶ月間の胎児期を過ごし、この世に誕生する。誕生直後の新生児の時代から、歩行や言葉の使用ができるようになるまでの期間が乳児期である。この時期に養育者への愛着を発達させる。

[2] 新生児の行動
　乳児期の中でも、最初の1ヶ月を特に新生児期と呼ぶ。新生児には吸啜反射や口唇探索反射、把握反射、歩行反射などの原始反射が見られる。吸啜反射は口の中に入ったものを吸う反射、口唇探索反射は口の周辺に何かが触れるとそちらに唇を向ける反射である。これらの反射によって、生後すぐに乳を吸うなどの行動ができる。人間にとって重要な行動には、その基礎となる原始反射を確認できる。ほとんどの新生児反射は、生後3〜6ヶ

表 1-4 発達段階

年齢	発達心理学	ピアジェ	フロイト	エリクソン	コールバーグ
受精 出生	胎生期 (受精～出生)	—	—	—	—
1 2	乳児期 (～1歳半)	感覚運動期	口唇期	基本的信頼 　対 不信	前道徳期
3 4 5 6 7	幼児期 (～就学)	前操作期	肛門期 男根期	自律性 　対 恥・疑惑 積極性 　対 罪悪感	罰と服従（段階1) 道具主義的・相対主義（段階2)
8 9 10 11 12 13 14 15	児童期 (～小学校修了)	具体的操作期	潜伏期	勤勉性 　対 劣等感	対人的同調（段階3)
16 17 18 ↓ 22 ↓ 30 ↓ 40 ↓ 50 ↓ 60 ↓ 70 ↓	青年期 成人期 老年期	形式的操作期	性器期	同一性の獲得 　対 同一性拡散 親密性 対 孤独 生殖性 対 停滞 自己統合 対 絶望	法と秩序（段階4) 社会的契約（段階5) 倫理的原理（段階6)

月で消失し、それらの反射は意図的な行動に変化する。

　動物行動学者のポートマン（Portmann, A.）が、「子宮外胎児」と呼んだように、乳児は無力と考えられてきた。しかし、最近は、乳児にもさまざまな能力があることが示されている。たとえば、ファンツ（Fantz, R. L.）は、図

図1-5　ファンツによって使用された顔の形の刺激

　1-5のような顔型を乳児の視野に提示し、乳児が注視する時間を測定した結果、生後4日の新生児でも、写実的な顔を長く注視することを見出した。また、コンドンとサンダー（Condon, W. S., & Sander, L. W.）は、生後12時間の新生児を観察し、物理的な音ではなく、テープ録音声でも、直接の語りかけでも、英語・中国語の談話に同調した動きを見せることを発見した。このような相互同調性（interactional synchrony）は、十分に意思疎通ができているときに出現することが知られている。このように、新生児期においても、子どもは社会的な刺激に対して、選択的に反応し、初期の母子関係において能動的な役割を果たすことを示す事実が報告されている。

[3] 認知機能と言語発達

　乳児期は、ピアジェの発達段階では、感覚運動期にあたり、言語や表象を介さずに環境と適応している。表象機能は、言葉の発達と密接な関係にある。表象が特定の音声と結び付くと乳児は言語を獲得する。また、言語の獲得は、高次の表象機能の発達に不可欠である。乳児期の後半には、表象機能の萌芽が見られ、1歳前後で最初の言葉である一語文が出現する。

　新生児が表出する音声は、泣き声のみであるが、生後1〜2ヶ月で、機嫌がよいときに声を出して遊ぶようになる（クーイング）。4〜5ヶ月で母音と子音の組み合わせによる喃語が出始める。生後1年前後で、一語文となる。

[4] 社会性の発達

　人生の最初に経験する社会は、養育者（多くの場合、母親）と子の社会である。乳児期は、エリクソンによると基本的信頼感を獲得できるか否かという危機を経験するが、母子関係は基本的信頼感などの獲得に重要である。

ハーロー（Harlow, H. F.）はアカゲザルを用いた一連の実験で子どもが母親に愛着を抱く要因を研究した。当時は、子どもは、授乳によって生理的欲求を満たしてくれる対象に愛着を抱くという考え方が一般的であった。ハーローは生まれたばかりの子猿を母猿から引き離し、代わりに図1-6のような2種類の人形を檻の中に入れ子猿の行動を観察した。すると、子猿は針金製の人形から授乳された場合でも、ミルクを飲む時間以外の大半の時間を布製の人形のもとで過ごすことがわかった。これは、授乳ではなく、柔らかさや温かさなどの接触が愛着の発達に重要であることを示している。

ボウルビィ（Bowlby, J.）は乳児の初期経験の中で、母子相互作用を研究し、母子の愛着の重要性を説いた。愛着（アタッチメント）とは、養育者と乳児との間に形成される情緒的な強い結び付きを指す。ボウルビィによると、乳児の示す愛着行動は、①乳児が養育者に視線を向けるなどの定位行動、②泣く、ほほ笑む、喃語などを発して養育者の注意や関心を引き、養育者を自分の方に近づける信号行動、③後追いなど自分から養育者に接近する接近行動の3種に分類できる。愛着の発達をみると、生後3ヶ月頃までは、人を選ばない定位・信号行動が中心であるが、生後3〜6ヶ月頃には人物を見分けるようになり、特定の人物に対して定位・信号行動を表出するようになる。生後6ヶ月以降は、特定の人物に対しての定位・信号行動が顕著になる。生後8ヶ月頃から始まる人見知りは、見慣れた人への愛着が強固

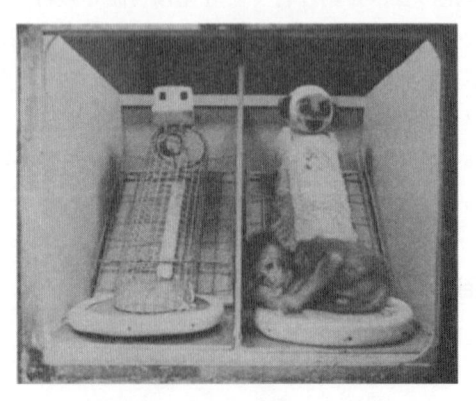

図1-6　ハーローが用いた代理母

に形成されたことを示している。3歳以降は、愛着を形成した相手と空間的に接近していなくても安心していられるようになる。

ボウルビィの理論に基づいて、エンズワース（Ainsworth, M. D. S.）は1歳児と母親の分離・再会場面を観察し、愛着のスタイルを分類した。母親との分離場面であまり苦痛を示さず、再会時には母親を避けたり、無視したりする回避型、分離場面で多少の苦痛を示すが、再会時にはスムースな再会ができる安定型、分離場面で強い苦痛を示し、再会時にスムースな再会ができず、攻撃的行動をとったりする両価型の3種である。これらの愛着の型は、発達にさまざまな影響を及ぼすとされている。

B 幼児期

[1] 幼児期の全体的特徴

幼児期の初めはヨチヨチ歩きだった幼児は、幼児期が終わる頃にはスキップができたり、30 cm 程度の高さの平均台を渡ることができるようになるなど目覚しい運動能力の発達をみせる。また、言語や知的機能の発達も著しく、話し言葉は4〜5歳で完成する。また、乳児期には母親と一体だった自我が、母親から分離し、自分の行動について明確な目標を持つようになる。その結果、第一反抗期と呼ばれる自己主張を始める時期を迎える。

[2] 認知の発達

幼児期は、ピアジェの発達段階では、感覚運動期の後半と表象期の前操作期にほぼ相当する。表象を介さない感覚運動的知能から、表象機能を使う概念的知能への大きな質的な転換を遂げる。

2歳から7、8歳頃までの前操作期では、言葉や象徴（シンボル）を用いることができるようになる。子どもの遊びでも、ままごとは、この象徴が使用できるようになったことを示している。しかし、この段階の幼児の概念は大人の概念に比べて不正確で雑多なものを含んでいる。表1-1に示した液量保存の課題のように、見た目に惑わされることになる。

ピアジェはこの時期の子どもの思考の特徴として、自己中心性を挙げている。箱庭の一方に子どもを座らせ、他の位置に置いた人形から見た景色を選ばせると、子どもは自分から見た景色を選ぶ。子どもは自分から見た

視点以外の視点の存在を理解できないことを示している。このような自己中心性は、すべてのものに生命があると考えるアミニズムなどにも通じる。

これに対して、こころの理論の研究は、幼児は、決して自己中心的存在ではなく、他者の心の状態を推論することができるとしている。他者の目的、期待、信念、願望などこころの状態を理解する能力を持つとき、その人間は「こころの理論」を持つと考える。4歳前後の幼児はこころの理論を持っているという。たとえば、「ひろし君がある場所Aにある物を置き、部屋を出ていく。ひろし君の留守中にその物は別の場所Bに移動する。ひろし君が戻ってきたとき、ひろし君がどこを探すか」ということを予測させると、3歳児は、ひろし君はBを探すと答えてしまう。しかし、3歳半～5歳の間に「ひろし君はAにあると思っている」というひろし君のこころの状態を理解できるようになり、Aを探すという正解を導くことができるようになる。

C 児童期

[1] 児童期の全体的特徴

児童期は、身体的には安定した時期に入り、学校生活が始まる。ピアジェの発達段階では、具体的な概念の操作が可能になる具体的操作期に入り、エリクソンによれば、勤勉性対劣等感という危機を経験する。

[2] 社会性の発達

児童期には、学校という社会で親から離れて仲間と過ごす時間が多くなる。児童期前期では、家や座席が近いなど外的要因に基づいて仲間関係を結ぶ。この時期の仲間との結び付きは弱く、仲間も変化しやすい。

しかし、児童期後期になると相手の性格などを重視して友達を選ぶようになり、仲間が固定化し、結び付きも強くなる。この時期をギャング・エイジと呼び、同性の気の合った仲間と非常に結び付きの強い小集団グループを作る。このグループは、結束力が強いが、同時に排他性も高い。たとえば、グループ内だけで通じる暗号を作ったり、ルールを決めたりして、結束力を高めている。このようなグループを通して、子どもは仲間意識を育てることができ、仲間に受け入れられることで心理的安定が図られる。

D 青年期
[1] 青年期の全体的特徴
　青年期は子どもから大人への移行期であり、「中間人」あるいは「境界人」と呼ばれる。ルソー（Rousseau, J.-J.）は青年期を「第二の誕生」という言葉で表している。今までの自分とは違う自分を発見し、生まれ変わる重要な時期である。心身の変化が激しく、不安と悩みが多いこの時代を、ホール（Hall, G. S.）は「疾風怒濤」の時代と呼んでいる。エリクソンによると、青年は自我同一性の獲得対拡散という危機、続いて親密性対孤独という危機を経験する。

[2] 性的発達
　青年期は、第二次性徴とともに始まる。第二次性徴は、女性は女性として、男性は男性として本来の性的機能を備えるようになり、身体的な性差が顕著になることをさす。このような大きな身体的な変化は児童期に外の世界に向かっていた意識を自分に向ける起爆剤となり、自我の発達を促す。発達加速現象により、第二次性徴の発現は世代を追って早くなっている。

[3] 認知的発達
　青年期はピアジェの形式的操作期にあたる。具体的なものを離れて、頭の中だけで概念を論理的に操作することができるようになる。そのため、思考は飛躍的に発達する。思考は論理的になり、また、具体的なものを離れることができるようになるので、たとえば、「愛とは何だろう」などと抽象的なことを考えるようになる。抽象的なことを論理的に考えると理想的な答えを求めがちであるが、現実は必ずしも理想通りにはいかない。そこで、青年は現実や大人に対して批判の目を向けるようになる。

[4] 自我の発達
　エリクソンによると青年期は、自我同一性の獲得対自我同一性の拡散という危機を経験する。
　青年期になると「自分は何者か」という疑問を持つようになる。自分がわからなくなるかもしれないという不安を抱えながら、答えを一時保留し、

いろいろな自分を実験する。この状態をモラトリアムという。モラトリアムの過程を経て、自分が自分であるという実感を持てるようになることが自我同一性の獲得である。

マーシャ（Marcia, J. E.）は、青年期の自我同一性の状態を4つの自我同一性地位に分類した。第1は、自我同一性の獲得である。これは、モラトリアムを経験した末に、自ら選択した目標に積極的に関与している状態である。第2は、さまざまな自分を試しているモラトリアム。第3は、本当の自分がわからなくなってしまった自我同一性の拡散。第4は、「自分は何者か」という疑問を持つことなく、したがって、危機を経験することなく、児童期の自我がそのまま続いている早期完了である。

小此木は、当時の青年を観察し、モラトリアムのあり方が変化していることを指摘している。小此木により、「モラトリアム人間」と名付けられた青年は、多くの可能性の中から1つを選択することを拒否し、多くの可能性を残したまま、何者でもない自分でありつづける。

[5] 社会性の発達

青年期は親からの心理的離乳を求める気持ちが強くなる一方、友人関係は深まりをみせる。児童期のギャング集団から、同性の2～3名からなるクリーク集団に移行する。

青年期の友人関係は、児童期の浅く広い付き合いから、狭く深い付き合いに移行すると考えられてきた。しかし、最近の青年の友人関係は希薄であることが指摘されている。青年期の友人関係における「近づきたいけれど、離れたい」という対人距離をめぐる葛藤をベラック（Bellak, L.）は、山アラシのジレンマと名付けた。これは山アラシの一群が冷たい冬の日にお互いの体温で暖まろうと、身体を寄せ合うと、お互いの刺で傷つけあってしまうという寓話に基づいて名付けられた言葉である。

E 成人期

成人期は大人として社会の一翼を担う時代である。エリクソンの示した生殖性（世代性）対停滞という危機を経験することになる。次世代を育て、知識や技能を継承していくことが重要な発達課題となる。

成人期は発達心理学的な研究の対象となることは少なかった。しかし、最近では、長寿化に伴って成人期の中年クライシスなどが注目されるようになってきた。社会の第一線で働いたり、子育てに忙しかった時期が終わる中年期は、家族構造に変化が起き、体力の衰えを自覚したり、残された時間の限界を認識する時期でもある。あらためて、自分の生き方を振り返り、自分の自我同一性を見つめなおすことによって中年期に危機が訪れる。中年女性の空の巣症候群などが報告されている。

F　老年期

　老年期には老成変化（老化）が起きる。老化は、筋力の低下や脳の萎縮など身体的な変化と知能の減退などの精神的変化の両方を含む。知能の減退では、記憶力など減退しやすい流動性知能だけでなく、洞察力や社会的知識、語彙力など減退しにくい結晶性知能があることが知られている。
　老化は、すべての機能が一様に、同じスピードで減退するのではなく、また、個人差が大きい。高齢化社会の到来に伴って、老化の進行を遅らせる要因などの研究が盛んとなっている。

トピック　文化と発達

　ヴィゴツキーは、人間の発達は文化的に媒介され歴史的に発達すると強調している。ヴィゴツキーの影響を受けて、1970年代にコール（Cole, M.）は、心の発達における文化の役割を重視する文化心理学を提唱した。
　文化は世代を経て伝承されるが、家庭の中では、親が子どもへ文化的な価値を伝える存在である。東、柏木、ヘス（Hess, R. D.）らは1972年から約10年にわたって、母親の考え方や話し方が子どもの知的発達に及ぼす影響を縦断的に分析する日米比較調査を行った。その中で、5歳の幼児を持つ母親の発達期待を調査し、日本の母親は、自分の子どもが従順で、きまりに従い、行儀がよいなど、一緒にいるのに差し障りのない性質が早期に発達することを期待するのに対し、アメリカの母親は、集団の中で自己主張できる性質が発達することを期待することを示した。このような親の発達期待は、さまざまな場面を通して子どもに働きかけられ、子どもはそれに応じたパーソナリティを発達させると考えられている。依田は、同じアジ

ア圏でも中国の母親に比べて日本の母親は「友達に思いやりを持つ」など「受容的な社会的能力」が発達することを重視していること、これに対応して、日本の子どもの方が中国の子どもに比べて「自己コントロール」と「協調性」が高いことを報告している。

　絵本の読み聞かせという特定の場面においても母親の期待の差が見られる。読み聞かせの効果として、秋田（1997）は、文章を読む力の育成や文字の習得に加えて、日本では、ふれあいや空想や夢を持つという効果や、本の世界を楽しんだり、好きになる効果を重視する母親が多いことを示した。そのような期待は、母親の読み聞かせのスタイルに影響する。伊坂（2008）は、7ヶ月〜4歳の子どもと母親26組を3年間追跡し、読み聞かせのスタイルと子どもの発達の関連を調査した。読み聞かせ場面で物語から連想する体験を一緒に思い出すなど親子交流が多いスタイルは、絵本の物語を忠実に読むスタイルよりも子どもの語彙発達や社会性が高いことを示した。

　このように文化は、さまざまな活動を通して、発達を媒介する。最近のスマートフォンの爆発的な普及による発達への影響などは、今後、注目すべきテーマとなるであろう。

引用文献

秋田喜代美（1997）．読書の発達過程——読書に関わる認知的要因・社会的要因の心理学的検討　風間書房

東洋（1994）．シリーズ人間の発達12　日本人のしつけと教育——発達の日米比較にもとづいて　東京大学出版会

Baltes, P. B., Reese, H. W., & Lipsitt, L. P. (1980). Life-span developmental psychology. *Annual Review of Psychology*, 31, 65-110.

Gerring, R. J. & Zimbardo, P. G. (2002). *Psychology and Life*. 16th ed.: Allyn and Bacon.

Harris, J. A., Jackson, C. M., Paterson, D. G., & Scammon, R. E. (1930). The measurement of man, *University of Minnesota Press*.

Jensen, A. R. (1969). How much can we boost IQ and scholastic achievement? *Harvard Educational Review*, 39, 1-123.
　　（東洋（1969）．知的行動とその発達　桂広介・波多野完治・依田新（監修）児童心理学講座4　認識と思考　金子書房　pp.1-22）

Scammon, R. E. (1930). The measurement of the body in Childhood. In J. A. Harris, C. M. Jackson, D. G. Paterson, R. E. Scammon, The measurement of man. Oxford, England: University of Minnesota Press.

理解を深めるための参考文献
- 柏木恵子・古澤頼雄・宮下孝広（1996）．発達心理学への招待——こころの世界を開く30の扉　ミネルヴァ書房
- 高橋恵子・波多野誼余夫（1990）．生涯発達の心理学　岩波新書
- 高嶋正士・藤田主一（編）（1996）．発達と教育の心理学　福村出版
- 土屋明夫（編著）（2005）．発達と学習——教育場面での心理学　八千代出版

知識を確認しよう

【択一問題】

(1) 次の発達的特徴のうち、青年期の特徴の組み合わせとして、正しいものをア～オから1つ選びなさい。
① 第二次性徴による急激な変化により、心身ともに不安定な時期になる。
② 同年代の同性同士4～5名で、強い仲間意識を持つ集団を形成する。
③ 養育者との間に愛着を形成する。
④ 経済的に自立し、次世代を育成するなど社会的責任を果たす。
⑤ 概念が知覚に左右されやすく、自己中心的な認知も見られる。
⑥ 自我が芽生え、第一次反抗期が見られる。
⑦ 親からの心理的離乳を果たそうとする。
　　　ア　①④　　イ　②⑦　　ウ　③⑤　　エ　②⑥　　オ　①⑦

(2) 次の文の空欄に当てはまる語句を語群から選びなさい。ただし、同じ記号の空欄には同じ用語が入るものとする。
［問題］
　発達に影響を与える要因として、遺伝と環境が考えられる。（　①　）は、遺伝的要因を重視する（　②　）を唱えた。彼は、一卵性双生児の階段上りの実験を通して、学習を成立させるためには個体の（　③　）が整う必要があるとした。（　③　）の形成要因として（　④　）を重視した。
　一方、行動主義心理学の創始者である（　⑤　）は、発達における生後の環境や（　⑥　）を重視する（　⑦　）を唱えた。インドで発見された

（ ⑧ ）の研究は、発達における環境の影響の大きさを示した例である。
　遺伝か環境かという対立に対して、両方の要因の加算的影響を考えたのが、シュテルンの（ ⑨ ）である。また、（ ⑩ ）は2つの要因が加算的ではなく、相互に作用しあうと考え、（ ⑪ ）を提唱した。

[語群]
ア　成熟優位説　　イ　学習優位説　　ウ　環境閾値説　　エ　輻輳説
オ　学習　　カ　環境　　キ　成熟　　ク　発達の最近接領域
ケ　野生児　　コ　言語発達　　サ　レディネス　　シ　ワトソン
ス　ルクセンブルガー　　セ　ジェンセン　　ソ　ゲゼル
タ　スキナー　　チ　ヴィゴツキー

(3) 次の文は、ピアジェの認知的発達段理論について述べたものである。間違っているものをすべて選びなさい。
① 外界からの情報を処理する際の認知的枠組みのことをシェマと呼ぶ。
② 現在持っているシェマを環境に適用することを調節と呼ぶ。環境に合わせて、シェマを変化させることを同化と呼ぶ。
③ 同化と調節のバランスを図るプロセスを均衡化と呼ぶ。
④ 生後1歳頃までのシェマは、表象を介さず、感覚と運動が直結している。
⑤ 前操作期には、概念を使用できるようになるが、知覚に左右されやすく、直観的である。
⑥ 具体的操作期には、自分の視点からのみ世界を見る自己中心性が見られる。
⑦ 形式的操作期は、論理的思考や抽象的思考ができるようになる。

論述問題

(1) 発達の最近接領域について、100文字程度で説明しなさい。
(2) 青年期の自我同一性獲得におけるモラトリアムの意義について説明しなさい。
(3) 児童期のギャング集団と青年期の友人関係の違いを説明しなさい。

第2章 記憶と知識

🔑 キーワード

符号化　　　　貯蔵
検索　　　　　忘却
短期記憶と長期記憶　意味記憶
意味ネットワーク　知識
概念地図法　　素朴理論

本章のポイント

　1日を振り返ると、その日に感じたことや学んだこと、出会った人など、実にさまざまなことを経験したことに気づくだろう。このような日々の経験は知識として蓄えられ、糧となっていく。初対面の人物としだいに親しくなったり、行き慣れた場所へ行ったり、覚えた事柄を用いて問題を解いたりできるようになる。このように記憶は、社会の中で適応的に生きていくのに欠かせない機能である。
　本章では、記憶のメカニズムを概説し、そのダイナミックな側面も紹介する。また、知識の構造や特徴を取り上げながら、学校教育の果たすべき役割を考えていく。

1　記憶のしくみ

　記憶とは、感覚を通して経験するさまざまな事象を保持しておくことである。したがって、試験勉強に限らず、普段の生活すべてに記憶の機能は関わっている。家族や友人の顔、通学路、携帯電話の操作方法など、あえて覚えようと努力せずとも、いつの間にか覚え、そして、覚えた情報をいつでも引き出せるからこそ、旧知の仲として知人と会話でき、地図を持ち歩くことなく毎日同じ道を通って学校へ行くことができ、また、操作方法に大して手間取ることなく携帯電話を使いこなせるのである。あるいは、危険な事物に遭遇したら、それが自分の生命に危害を及ぼす可能性のあることを思い出し、その事物からできるだけ遠くに離れようとする。このように記憶の機能は、生物が生きていくうえで、欠かすことのできないものである。

A　記憶の過程

　記憶のしくみは、コンピュータになぞらえて、3つの過程で考えることができる（図2-1）。最初の段階は、情報の「符号化（記銘）」である。記憶すべきさまざまな情報を加工して、取り入れる、すなわち「覚える」ことである。コンピュータはすべてのデータを2進法に変換しているが、人間の場合は、視覚的、聴覚的、意味的にデータを変換して覚える。たとえば、「醤油」という情報を覚えるときには、醤油の入っている瓶のイメージや、「ショウユ」という音声情報で、または、「旨味と鹹味とを有し、特有の香気を持つ褐色の調味料」（広辞苑）というように意味で捉えることができる。記憶術などは、符号化の段階に相当するものである。
　次の「貯蔵（保持）」は、符号化された情報をメモリに保存する段階である。

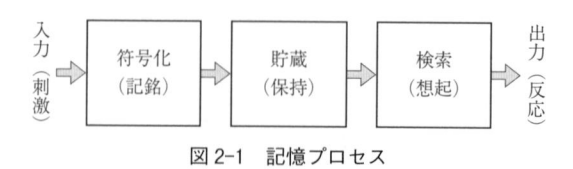

入力（刺激）→ 符号化（記銘）→ 貯蔵（保持）→ 検索（想起）→ 出力（反応）

図 2-1　記憶プロセス

コンピュータの場合は、「ファイルを保存する」というコマンドを使うだけで、記憶媒体に異常等が発生しない限り、ほぼ永久的にデータを貯めておくことができるが、人間が情報を保持するためには、練習を重ねたり、何度も復唱したり、あるいは既に保存されている他の情報と関連づけるなどの作業が必要となる。

　試験問題に解答するように、保存された多くの情報の中から特定の情報を引き出す、すなわち思い出すのが「検索（想起）」の段階である。検索には、符号化したはずの情報を自力で思い出す「再生」と、選択問題や○×問題など、情報に接することで、それが記銘したものか否かを判断する「再認」の2つの方法がある。刑事ドラマによく見られるように、目撃者の証言によって犯人のモンタージュ画像や似顔絵を作成するのは再生、顔写真を目撃者に見せて犯人かどうか同定するのは再認にあたる。また、再生には、符号化した順番で再生する「系列再生」と、順序に関係なく思い浮かんだ順に再生する「自由再生」がある。

B 忘却

　なぜわれわれは、せっかく苦心して覚えた情報を思い出せなくなるのだろうか。減衰説では、記憶された情報は時間の経過とともに消失すると考える。また、干渉説では、他の情報によって妨害されることで失われるとする。この時、時間的に前の情報が後の情報の記憶を妨害する場合を順向抑制という。最初の方に覚えた内容はいつまでも記憶しているのに、後半の内容ほど記憶しにくかったり、忘れやすかったりするのはその例である。反対に、次々に新しい単元を習得していくことで、それ以前の内容を忘却してしまうように、時間的に後の情報が前の記憶情報を妨害する場合が、逆向抑制である。一般的に、情報が類似しているほどお互いの干渉が強くなる。

　一方で、記憶された情報が忘却されるのは、情報がなくなってしまうのではなく、思い出せないだけだとする説もある。その1つの検索失敗説では、情報自体は貯蔵されているものの、その情報にたどりつけなくなった状態が忘却であると考える。たとえるならば、書棚のどの位置に本をしまってあるのか行方不明になっているようなものである。

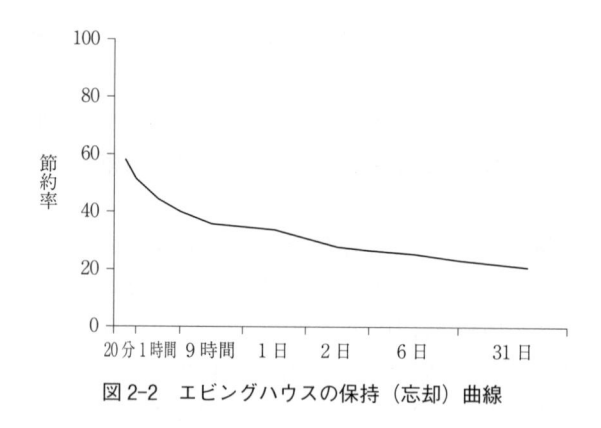

図 2-2　エビングハウスの保持（忘却）曲線

　また、精神分析学では抑制説を重要視する。これは、思い出すと不快になるような思考内容や感情等を無意識の領域に抑圧することであり、意識上は、それらの情報が存在しなかったことになるのである。
　いずれにせよ、いったん記憶された情報は、しだいに思い出せなくなることが多い。そこで、ドイツの心理学者エビングハウス（Ebbinghaus, H.）は、情報を忘却していく過程を、何年にもわたる実験で明らかにした。
　彼はアルファベットを組み合わせて、特定の意味を持たない綴りを作成した。そして、その無意味綴りを複数個学習し、一定時間経過した後に再び学習を行い、確実に2回暗唱できるまでの時間を測定した。最初の学習によって、いくらか記憶痕跡が残るならば、再学習時の学習所要時間が短くなるはずであり、それを節約量として算出したのである。その結果、学習から20分しか経過していなくても、最初の学習の約半分の時間しか学習を節約できておらず、情報は記憶直後から急速に忘却され始めることが明らかになったのである。だが、節約率の減少幅はしだいに緩やかになり、学習後1ヶ月経ても、再学習時間を約20%節約できていた。すなわち、いくらかの情報は忘却されずに断片として残っていたのである。これが「エビングハウスの保持（忘却）曲線」である（図2-2）。

2 記憶の分類

A 感覚記憶

　感覚記憶では、目や耳などの感覚受容器で受け取った情報をそのままの形で保持する。特定の匂いを嗅いでから、ほんの少しの間であれば、その匂いをありありと感じることができるが、その匂いの情報は急速に消えていき、その後は、その対象が「芳しい香りだった」という事実しか残されない。このように感覚記憶では、感覚的な直感像として貯蔵することができるが、情報量が莫大であるために、非常に短時間しか保持できない。たとえば、視覚情報の保持時間は、数百ミリ秒程度である（Sperling, 1960）。

B 短期記憶

　われわれは、特定の情報にのみ選択的に注意を向けることができ（選択的注意）、感覚記憶情報のうち、注意を向けたもののみを短期記憶に貯蔵する。これは、裏を返せば、注意しなかった対象は、記憶に残らないということになる。授業に出席していても、教師の話を聞いたり、ノートをとったりしていなければ、情報を得たことにはならないし、その後の学習につながらない。また、重要な情報であっても、見落としたり、見たつもりでも見ていなかったりすることも、常に起こり得るのである。

　さて、短期記憶は、注意したもののみを符号化して、一時的に保持する役割と、その保持された情報に対して操作を行う役割を果たしている。まずは、保持機能からみていく。

　たとえば、電話番号を口で唱えながら電話をかけたり、黒板に書いてある文章を頭の中で繰り返しながらノートに書き写したりするように、覚えるべき情報を口や頭で何回も唱えて反復（リハーサル）していることに気がつくだろう。リハーサルをやめた途端、その情報は忘却されてしまうが、それまでの間であれば、ある程度、保持時間を延長することができる。ただし、非常に長い文字列を一気に覚えられないように、一度に記憶できる容量には限度がある。その容量は、「チャンク」という心理的な単位で、マジカル・ナンバー7±2とされる（Miller, 1956）。すなわち、意味のある数字

列や文字列ならばそれを1チャンクとして、一度に7チャンク程度記憶できる。たとえば電話番号ならば、市外局番で1チャンク、市内局番で1チャンクとして、それぞれまとめて保持できるため、結果的に10桁の数字列を一度に記憶できるが、何の意味もない数字ならば、一度に7桁程度しか記憶できないということである。したがって、1.41421356 を「ひとよひとよにひとみごろ」という語呂合わせで記憶するのは、より多くの情報を一度に保持するために有効な方法なのである。だが、リハーサルができないと、たとえ3チャンクの情報であっても、十数秒で急激に忘却されてしまうほど、短期記憶は他の情報の干渉を受けやすい。

　短期記憶のもう1つの役割は、保存した情報に対して、計算や推理などの認知的処理や操作を行うことである。これを「ワーキング・メモリ（作動記憶、作業記憶）」という（Baddeley, A.）。数字を覚えながら、同時に、その数字に対して四則演算を行う暗算は、ワーキング・メモリの代表的な例である。友人と会話をするならば、友人に言われた直前の言葉を保持した状態で、その内容を変換しながら返事をしないと、言葉のキャッチボールは続かないし、読書をする場合にも、直前の文章の内容を保持しながら、次の文章を読み進め、そして、読み終えた文章同士を統合することで、全体の文意をつかんでいくのである。

　ワーキング・メモリには、さまざまな下位システムが想定されている。「音韻ループ」は言語的なリハーサルを、「視—空間スケッチ・パッド」では視覚的イメージの操作を、「エピソード・バッファ」は長期記憶との情報交換をそれぞれ担っている。立体模型をイメージしてそれを回転させたり、算盤上達者が算盤を弾くように暗算を行ったりするのは、視—空間スケッチ・パッドをうまく利用している例である。また、「中央実行系」が3つの下位システムの調整と制御を行ってワーキング・メモリを統合している。

　ただし、コンピュータに高度な演算をさせると、処理速度が遅くなったり、時にはフリーズしてしまったりするように、人間の短期記憶も、複数の作業を同時に行わせるには限界がある。認知的処理に負荷がかかれば、その分、情報を保持できにくくなり、逆に、情報の保持に気をとられれば認知的な作業が困難となり、また、複数の処理を同時に行おうとすると、すべての処理に能力を配分せざるを得ず、かえって効率が悪くなる。音楽

を聞きながら学習することもあるかもしれないが、歌詞やメロディを口ずさんでいると、学習速度が遅くなったり、内容が身に入らなかったりすることも多いし、また、本当に学習に集中していると、音楽は聞いているようで聞いていないのである。

C 長期記憶

　試験勉強で念入りに学習したものは、試験後も比較的忘れないが、試験開始直前に参考書で確認した情報は、リハーサルしたにもかかわらず、試験答案に記入した直後にもう忘れてしまっていた、という経験はないだろうか。前者は保持された情報が長期記憶に移行していた状態であり、後者は短期記憶から直接的に情報を引き出していたにすぎない。また、自宅の電話番号はリハーサルの必要はなく、いつでもすぐに思い出せるが、初めてかける電話番号はリハーサルしないとすぐ忘れてしまうだろう。このように、長期記憶は、短期記憶に比べて長期間、時には、一生涯にわたって保持し続けることができる。

　長期記憶と短期記憶には、もう1つの違いがある。たとえば、「今読んだ文章の最後の5文字を思い出してほしい」という質問には、すぐに答えられる。これは短期記憶で貯蔵されている段階だからである。一方、「1週間前の夕飯を思い出してほしい」と言われても、すぐには答えられないだろう。これは長期記憶を検索している状態であるが、このように、長期記憶として記憶された情報を思い出すには、時間と労力がある程度かかるのである。

　長期記憶は、その内容によって分類される（図2-3）。「エピソード記憶」

```
                    ┌ 宣言的記憶  ┌ エピソード記憶
                    │            └ 意味記憶
         長期記憶 ─┤
                    │            ┌ 手続き記憶
                    └ 非宣言的記憶└ プライミング記憶
```

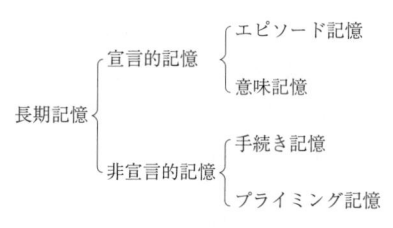

図2-3　長期記憶の種類

は、自分の経験したことについての記憶である。当然ながら、この記憶には時間や場所等の情報が含まれる。「意味記憶」は、自分の経験とは独立しており、言語や概念、法則、知識などに関するものである。「794 年に平安京へ遷都された」や「鉄と酸素が結合して酸化鉄となる」など、日々の学習によって蓄積される情報は意味記憶であるが、「修学旅行で京都へ行った」や「スチールウールをバーナーで燃やす実験をした」など、個人的な情報を伴っているものはエピソード記憶である。

　また、エピソード記憶や意味記憶などの「宣言的記憶」と異なり、言葉やイメージだけで表現することが難しいのが「非宣言的記憶」である。その中でも、自転車の乗り方や、あやとり、タッチタイピングなど、一定の活動や技能として組み込まれている記憶は「手続き記憶」と呼ばれる。たとえば、自転車の乗り方について言語的なマニュアルやそれを補助する図があっても、それだけで自転車の乗り方を完全に伝えるには無理があるし、自転車に乗れるようにもならない。実際に自転車をこぐ動作を行いながら習得するしかないのである。しかし、一度乗れるようになれば、長期間乗っていなくても、その動作を自然と思い出せるのである。

　「プライミング記憶」は、先行する（プライム）刺激によって、後続する情報の処理が影響を受けることである。たとえば、四字熟語の穴埋めテストで「一△一□」という問題が出題された場合、△と□の中には何の文字を入れるだろうか。前後の文脈等がなければ、「一期一会」「一世一代」「一国一城」などさまざまな回答が成り立つ。しかし、以前の何らかの記憶によって、語句の思い出しやすさが異なる可能性が高い。本人の気づかないうちに、記憶はさまざまな事象の認識に影響を与えるのである。

　そのほか、「来週までに課題を提出しなければならない」「今度の週末は友人と遊びに行く」などのように、未来の行動や将来の目標に関する「展望的記憶」、生涯を振り返って思い出されるような自己の重要な出来事についての「自伝的記憶」、災害や重大事故のように、感情を強く動かされるような衝撃的な出来事をいつまでも鮮明に思い出せる「フラッシュバルブ記憶」など、過去から未来まで、われわれはさまざまな内容を記憶しているのである。

3 記憶の特徴

　人間の記憶はコンピュータと異なり、符号化された情報がすべて同等に符号化され等価値を持つとは限らないし、同一時期に保存された情報が劣化せずに同じように保持され続けるわけでもない。一般的に、ただ単純に本を見てその内容を丸記憶するよりも、さまざまな情報や既存の知識と関連づけて精緻化したり、練習問題を解いたりした方が記憶に残りやすい。われわれは、記憶すべき情報を受動的に受け取っているだけではなく、こちらから情報に積極的にアクセスしており、記憶は非常にダイナミックなシステムなのである。

A　処理水準説

　クレイク（Craik, F. I. M.）とロックハート（Lockhart, R. S.）の処理水準説は、感覚的、物理的な「浅い」処理を行うよりも、意味的で「深い」処理を行って情報を入力する方が、その後の記憶成績が良いということを示したものである。たとえば英単語を学習する場合、ただやみくもに黙読したり、スペルを覚えたりするよりも、例文によってニュアンスを確認しながら覚える方が記憶に残りやすいことは、容易に想像がつくだろう。また、機械的に数学や物理の公式を丸暗記したところで、その公式を単純に当てはめるだけの計算はできても、文章題や応用問題が理解できるようにはならない。語呂合わせやテキストの丸暗記は、短期的な試験対策としては有効かもしれないが、体系的な知識の獲得にはつながりにくいのである。とはいえ、何が浅く、どれが深い処理であるかは相対的でもあり、処理水準を確定するのは難しいことも否めない。

B　自己照合効果

　単語リストの各項目について、その単語が大文字か小文字か（形態処理）、その単語が別の単語と同じ意味か否か（意味処理）、有名人に当てはまるか否か（他者照合）、自分に当てはまるか否か（自己照合）判断した後に、その項目を思い出すと、自己照合、他者照合、意味処理、形態処理の順で再生率

が高い（Kuiper & Rogers, 1979）。自己に関連づけることで、情報が精緻化され、結果的に記憶に影響を与えると考えられている。

C　生成効果

　たとえば「rapid-fast」という完全な単語の対を読んで記憶する場合と、不完全な「rapid-f___」に対して単語を完成させながら学習していく場合で、その後の再認率を比較した結果、後者の方が記憶成績は高い（Slamecka & Graf, 1978）。単純に学習すべき項目を読み上げるだけでなく、自分で項目を生成した方が記憶しやすいのである。この効果を応用すれば、テキストの内容をただ単純に黙読するよりも、書いて覚えたり、関連する問題に解答したりする方が知識として習得しやすいことになる。また、友人のノートをコピーさせてもらって学習するよりも、自分でノートを作るなど、主体的に学習に取り組むことによって、学習効果は高くなるのである。

　なお、学習した内容を他者に説明することも有効な学習方法である。他者への説明を通して、曖昧な箇所やまだわかっていなかった事柄、また「わかっていたつもり」と「わかった」の違いに気づき、知識を再構成する動機づけとなる。ディスカッションやディベート、論述試験等は、学習を深化させる契機になるのである。

D　符号化特定性原理

　陸上と水中で実施された実験では、単語リストを学習する場所と再生テストの場所が同じ方が、異なる場合よりも記憶成績が優れていた（Godden & Baddeley, 1975）。このようにわれわれは、符号化すべき情報だけを選択的に記憶しているわけではなく、その情報に付随する文脈情報も一緒に符号化する。だから、普段、学校でしか会わない友人に思いがけない場所で出会うと、一瞬、誰だったか思い出せなかったり、見過ごしてしまったりすることもあるのだ。

　さらに、記憶した内容を思い出すときには、文脈をヒントとして利用する。たとえば、十二支の記憶には順序という文脈情報が欠かせない。だからこそ、必ず「子・丑・寅・卯…」の順番で再生され、五十音順で思い出

すことはないし、特定の干支が何番目にあるかは、最初から順番に数えていかないと答えられないのである。また、記憶したはずの内容ではなく、むしろ、その内容が記載されているテキストの場所やページ数を思い出してしまうという経験も少なくはないだろう。

E　集中練習と分散練習

　反復練習によって習得していく場合、休憩をとらずに連続して一気に行う集中練習よりも、時間間隔を空けて反復する分散練習の方が高い効果が得られる。漢字の書き取り練習を機械的に反復しているうちに、漢字を素早く書けるようになったとしても、疲労のために字が崩れてしまっては、練習がかえって無意味になってしまう。また、徹夜で一気に学習を行っても、それは量を行ったという満足感にすぎない。適度な分散学習によって、一つひとつの課題を丁寧に消化してこそ、しっかりと記憶に定着されるのである。スポーツにおいても、分散練習によってそのつどフォームを確認し、自分の不得手な箇所に気づきながら反復することこそが、より意義のある練習につながっていくであろう。

F　記憶の変容

　一連の目撃証言研究によって、目撃者に対する質問の仕方が、目撃者の記憶に影響を与えることが明らかにされている。たとえば、自動車同士が衝突した写真を見た後に、その2台が「激突した」か「ぶつかった」か「接触した」か、質問する単語を変えるだけで、衝突時の時速の推定が異なったり、実際には自動車の窓ガラスが割れていなかったにもかかわらず、割れたガラスを見たと報告しやすくなったりする (Loftus & Palmer, 1974)。いったん記憶された情報は、忘却されない限り、そのままの形で残ると考えられがちだが、実際はそうではなく、関連するような情報によって、記憶が書き換えられたり、情報同士を混同したりするのである。

　また、記憶が変容するということは、経験していないことまでも、経験したと勘違いしてしまうことさえ起こり得る (虚記憶)(フォルス・メモリ)。たとえば、「黒板・机・椅子・窓・廊下・校舎」のような単語リストを記憶すると、リストには含まれないが、各項目と関連するような「教室」とい

う単語も誤って思い出してしまう確率が高いのである。

4　知識の表象

　われわれは、学習や経験によってさまざまな知識を獲得し、蓄積したその情報を適切なときに検索して利用する。ここでは、長期記憶としての知識がどのように保存されているのか、知識の構造をみていく。

A　スキーマとスクリプト

　さまざまな記憶情報がモジュールのように貯蔵されていると考えるものに、バートレット（Bartlett, F. C.）のスキーマ理論がある。これは、後述する意味記憶に関するモデルよりも包括的で高次元のものとして想定され、「愛」「正義」といった抽象的なものから、日常的、実際的な内容まで、さまざまなものを表現できるものとして考えられている。われわれは、家や学校、ビル等のさまざまな建物に接してきた経験から、「建物」というスキーマを保持し、この「建物」スキーマがあることで、初めて行く建物であっても、中に入れる建造物であることを理解するのである。このようなスキーマにはさまざまな特徴があり、たとえば「買い物をする」スキーマであれば、「何を」「どこで」「誰に」「いくら」などの要素が必要で、買い物をする場所や状況に応じて金額や品目などが変化する。そして、スキーマは埋め込み構造になっており、「食事をする」スキーマには、「外食をする」「自炊をする」などの別のスキーマが内蔵される。
　また、スクリプト（Schank & Abelson, 1977）には、日常的に遭遇するような状況やその時に行うべき動作等が、演劇の台本のように保存されていると考えられている。「駅から電車に乗る」という一連の行動で考えると、自動券売機での切符の買い方や、交通系ICカードによる駅構内への入場方法などが時系列的に貯蔵されており、その結果、各場面での行動とその結果を推測しながら、一連の動作をスムーズに行っていくことが可能となる。一つひとつの状況でとるべき行動を長期記憶へ問い合わせていては、大幅

に手間や時間がかかってしまうが、スクリプトがあることで、ロスが少なくなり、効率的に物事を処理することができる。だからこそ逆に、海外など慣れない場所では、保存されたスクリプトとは違う手順や方法をとる必要があり、交通機関を利用するにも苦労するのである。

B 概念とカテゴリ

「概念」とは個々の具体的な対象や出来事に共通する特徴を統合させた表象であり、これがあることで、われわれは環境のさまざまな事象を効率的に理解することができる。たとえば「イス」の概念ならば、「こしかけるための道具」（広辞苑）という命題で表すことができ、教室に置いてある椅子や食堂の椅子などを視覚的にイメージできる。そして、さまざまな形態の椅子を初めて見ても、未知の事物ではなく「イス」として認知するからこそ、用途や扱い方に悩むことがほとんどないのである。

概念は、クラス、属性、事例の3つで構成される。「米飯」という概念ならば、「食べ物」に分類され、「米」「玄米」「五穀米」などの属性があり、「炊いたご飯」「おかゆ」「サフランライス」などの具体的な例を挙げることができる。カテゴリは、概念を特定の基準でまとめたものであって、「カナリア」「ダチョウ」などを「トリ」として、「三毛猫」「野良猫」「シャム猫」などを「ネコ」として統合し、鳥と猫をそれぞれ区別する。

なお、自然概念のカテゴリは、その抽象度によって3つの階層に分類できる。すなわち、「イヌ」という基礎カテゴリ、そして、基礎カテゴリよりも具体的な「柴犬」「秋田犬」「ドーベルマン」「ハスキー」などの犬種や、自分のうちの「ポチ」や○○さん家の「ゴン太」といった名前による下位カテゴリ、「イヌ」よりも抽象度合いの高い「動物」「哺乳類」などの上位カテゴリが存在する。われわれがモノの名前として獲得し、それを呼ぶときに日常的に使用するのは、基礎カテゴリである（Rosche, 1975）。

C 階層的意味ネットワークモデル

このモデル（図2-4）（Collins & Quillian, 1969）は、もともと、コンピュータに意味を理解させるために考案されたが、人間の意味記憶をも表現すると考えられている。このモデルの特徴は、知識がネットワーク構造になって

いること、そして、そのネットワークが階層構造になっていることにある。たとえば、「鳥」の概念には「翼がある」「飛ぶ」などの特徴があるように、一つひとつの概念が意味的な属性を含むかたちで結合され、さらに、この「鳥」には「動物」という上位概念と「カナリア」「ダチョウ」などの下位概念がそれぞれ階層的に保存されている。したがって、「カナリア」と「食物を食べる」は直接的には結び付かないが、両者に共通する「動物」の概念から間接的に関係性を理解することができる。

このネットワークに従えば、多くの概念をまたぐような類推も容易になる。たとえば、「トリケラトプス」を知らなくても、「爬虫類」であるという情報があれば、「卵を産む」「羽毛がない」「鱗がある」などの特徴を思い浮かべることができるし、「ライプツィヒ」を直接知らなくても、「ドイツ」「ゲーテのファウスト」「バッハ」「メンデルスゾーン」などのキーワードによって、おおよそのイメージを思い浮かべることが可能となる。

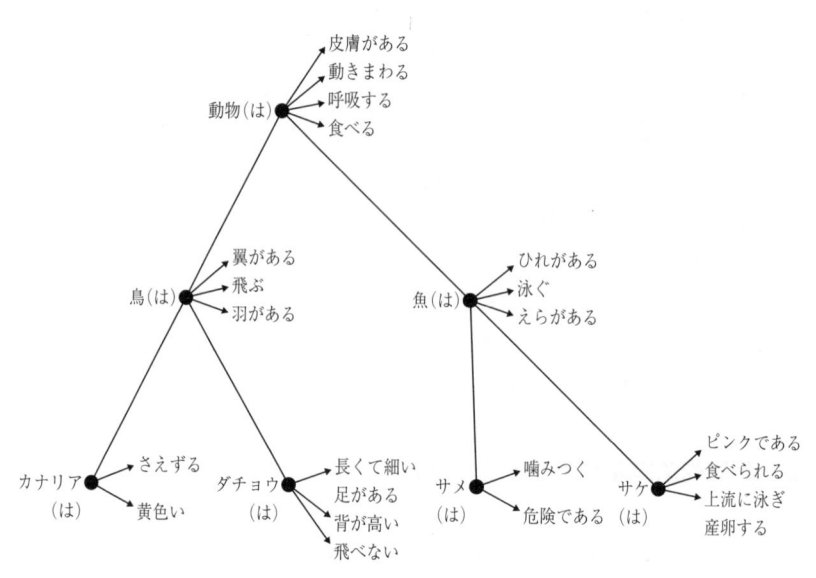

図 2-4 階層的意味ネットワークモデル(Collins & Quillian, 1969)

D 活性化拡散モデル

このモデル（図2-5）では、各概念を「ノード」とし、階層的な結合の代わりに、ノード間を結んでその関係性や方向性を示す「リンク」によって心的な距離を仮定する。したがって、リンクが短いほど、意味的に関連性が高いことを示す。そして、活性化拡散という考え方を特徴とし、神経細胞が神経伝達物質によって隣接する神経細胞へ次々と情報を伝達していくのと同様、特定のノードがアクセスを受けたり、処理されたりして活性化すると、リンクで結合された他のノードも活性化していく。連想のように、「鳥」という言葉によって「燕」や「雁」などを思い浮かべたり、何らかの情報がもたらされることで、「そういえば、思い出した」と別の記憶が呼び覚まされたり、また、知人との会話が次々と展開されていったりするのは、情報の活性化が広がっていく過程なのである。

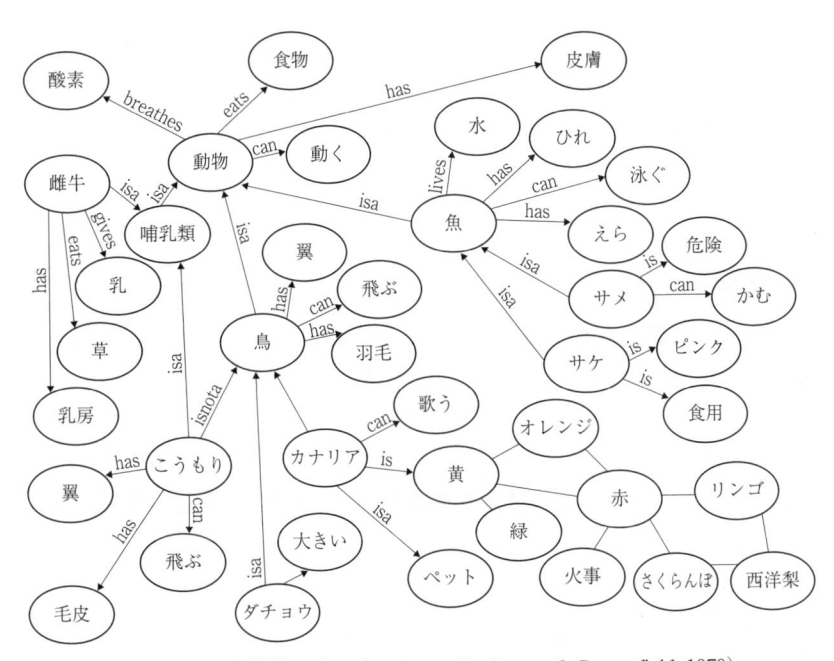

図2-5　活性化拡散モデル（Lachman, Lachman, & Butterfield, 1979）

E　知識の均衡化

　新しく記憶される情報が、以前の記憶情報と関連づけられながら体制化され、また、変容していくように、獲得した知識も、そのままの形で保存されているわけではなく、修正を繰り返している。たとえば、「羽のある鳥は飛ぶ」という知識を有していても、ダチョウに接したときに、「飛べない鳥もいる」と知識を修正する必要がある。ピアジェ（Piaget, J.）は、そのことを、自分の持つシェマ（スキーマ）に情報を取り込む過程（同化）と、そのシェマを調整・修正する過程（調節）の2つの作用で説明した。われわれは、絶えず両者の間で均衡化を図っており、知識同士が互いに矛盾しないように修正しながら、柔軟な知識構造を形成していくのである。

5　知識と教育

　以上のように考えれば、学校は、児童生徒に知識を伝達するだけではなく、ましてや詰め込み教育を施す場ではない。教育には、獲得した知識を既存の知識と結合させて、体系的な知識ネットワークの構築を援助していく役割があるのではないだろうか。ここでは、学校教育をより有意味、有意義なものにしていくためのさまざまな視点を紹介する。

A　先行オーガナイザー

　たとえば推理小説を読み進めていくときには、何らかの事件が発生し、探偵や刑事が鮮やかに事件のトリックを解いて犯人を追い詰めていく、という過程を期待するだろう。ところが、ページを開いたら恋愛小説であった場合、頭を切り替えないと、スムーズに物語に入っていけない。このように、われわれは何らかの構えや知識を持ったうえで、新しい事象に対して認知的な処理を行っていく。

　教育過程も同様で、学習者は、特定の教科科目であることを踏まえて授業に臨んでいる。そこで、学習者が既に持っている知識と、これから学習する内容との間を橋渡しする役目を果たすのが、「先行オーガナイザー」で

ある（Ausbel, 1963）。あらかじめ学習内容の概要や全体像を提供したり（説明オーガナイザー）、既習内容と未習内容との類似点や相違点を伝達したりすること（比較オーガナイザー）によって、学習者が学習内容をより深く理解することにつながる。これによって、落語の「まくら」のように学習者の興味を引きつけ、主体的に学習する契機となるのである。

B 概念地図法

　知識は目に見えないからこそ、どこまで身につけたのか、どこから先がわからないのかが曖昧になりがちであるが、概念地図法（Novak & Gowin, 1984）（図2-6）は、知識のネットワーク構造を明確化、精緻化することができる視覚的ツールである。この地図を利用することによって、これから学習する内容の道標となり、また、学習後の知識の定着具合も確認できる。また、学習者自身が作成することで、既存知識の状態を明らかにし、さら

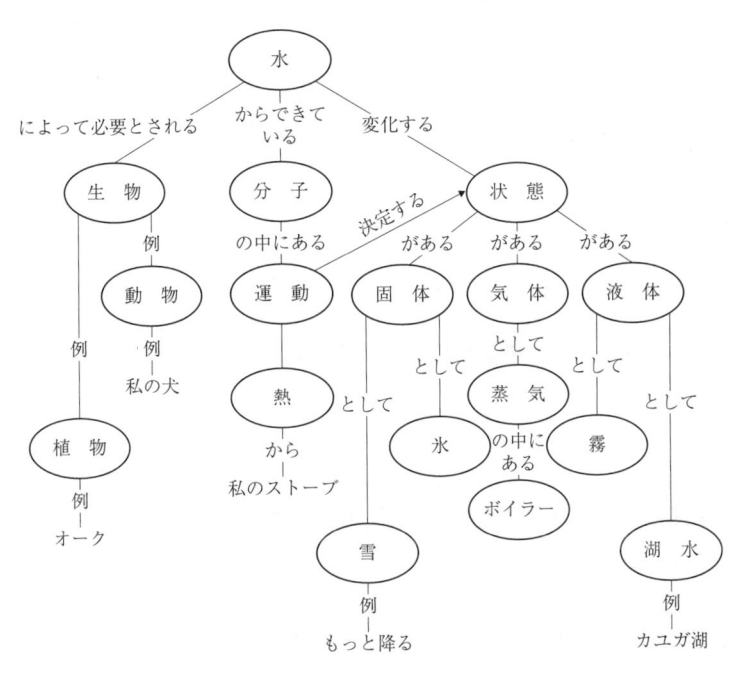

図2-6　概念地図法（Novak & Gowin, 1984）

に、新しく獲得した知識との統合関係を発見して、理解を一層深めることが期待される。そして、教師にとっては、授業計画の策定や教授方法の工夫のために役立つであろう。

C 素朴理論

　特に理科教育においてしばしば指摘されるが、素朴理論とは、今までの経験や直感に基づいて形成された素朴な知識や理屈のことである。われわれは、経験によって自然界のさまざまな事象を探求し理解してきた一方、天動説を長きにわたって信じてきたように、日常的経験によってこそ真理を見誤ってしまうこともある。

　素朴理論は、日常的な感覚に基づいて個別に構築されるがゆえに、科学的な一貫性はない。ところが、思考やその後の知識の獲得に非常に大きな影響を及ぼし、事象を素朴理論に沿った形で理解したり、時には、科学的に得られたデータを歪曲したりすることもある。たとえば、子どもは日常生活の中で「地上は平ら」という知識を獲得するが、学校では「地球が丸い」という知識を学び、経験則との間で矛盾を抱えることになる。そこで彼らは、地球を円盤状のものとして理解したり、地球と地上を別次元にあるものとして捉えたり、または、地球の表面ではなく中側に平面空間があると理解し直す傾向がある（Vosniadou & Brewer, 1992）。このように、正しい内容を学習したからといって、素朴理論がすぐに修正されるとは限らないのである。だからこそ、教科書の活字を目で追っていくだけの学習は、素朴理論を保持し続けることにもなりかねず、さらには、学校教育で得た知識によって身の回りの事象を科学的に理解する姿勢が養われずに、学校教育と日常との間に解離が生じる可能性も高い。

　そこで青木（1999）は、体験・活動型授業や、ディスカッションなど主体的な学習活動の重要性を指摘している。その一例として、板倉（1974）によって考案された仮説実験授業が挙げられるだろう。この授業は、「授業書」と呼ばれる独自のテキストを用いて、①問題提示、②選択肢による結果の予測、③結果予測に対する討議、④実験、という4つの段階で構成される。知識の実験的、主体的な獲得、そして、体系化を企図した有用な授業方法の1つである。

自分で獲得した素朴理論だからこそ、それを覆すには、自分自身の経験や体験が大きな力を発揮する。学校教育に携わる者は、いかにして正しい知識を伝達していくか、また、素朴理論を打破していくか、さまざまな工夫をしていかなければならない。

D 知識の剥落

以前、「分数や少数の計算ができない大学生」が話題になったが、学習したにもかかわらず、それが永続的な知識として身につかずに、はがれ落ちてしまうことは、決して稀なことではない。だが、このような「知識の剥落」(村井、2006) は、試験のためだけの暗記学習や、自ら学ぶ意味を見出せずに受動的に授業を「受けさせられる」ことで生じやすいと考えられる。だが、エビングハウスが実証したように、学習した内容は多少なりとも残っているはずで、完全に未習であるよりはスムーズに再学習できる可能性が高い。学校教育を、一時的な試験や受験のためだけの学習に終わらせずに、より高次元の知識や知恵を獲得できる場にしていくべきであり、児童生徒が主体的に学んでいけるような指導が、教師には求められるのである。

E 知識の獲得と学校教育

人類は、長い進化の歴史の中でさまざまな知識を獲得し、その知識を活用しながら、生活を便利にし、生命を維持し、種を保存してきた。また、文化や言語の垣根を越えて、さまざまな考え方を持つ他者とスムーズなコミュニケーションを図ってきた。すなわち知識は、社会の中で適応的に生活するために必須の能力なのである。したがって学校には、読み書き計算はもちろんのこと、社会のより良い発展に貢献するような知識を伝達し、児童生徒のより良い人格的発達に資することが求められる。リテラシー教育のみに重点を置くのではなく、また、特定の領域の知識の獲得のみに偏ることなく、1つの事象をさまざまな観点からアプローチしていきながら、調和のとれた、全人格的発達を促進するような学校教育を目指すべきではないだろうか。児童生徒が主体的に知識を構築していくために、そして、既存知識が新しい知識の獲得を阻害しないように、教師は良き案内人としての役割を果たすことが求められるのである (多鹿、1999)。

トピック　系列位置効果

　単語帳を利用して記憶学習を行ったところ、最初の方のページにある単語ばかりをよく覚えていた、という経験をしたことはないだろうか。ここには、系列位置効果というメカニズムが働いている。

　記憶実験において、単語リストに含まれる項目を1つずつ順番に符号化し、その後、自由再生すると、リストの最初の方にあった単語と最後の方の単語の再生率が高く、中間の位置にある項目は思い出しにくく、再生率のグラフはU字型となる（図2-7）。この時、最初の方の項目の記憶成績の良さを「初頭効果」、最後の方のそれを「新近性効果」という。そして、リストに含まれる項目数や各項目の記銘時間を変化させても観察されるほど、系列位置効果は頑健である（Murdock, 1962）。

　系列位置効果がなぜ生じるのかを検討するために、Postman & Phillips (1965) は、単語リストを学習した後に、数字の暗算を続けてリハーサルを禁止したところ、新近性効果のみが消失した。また、学習時に発声してリハーサルを行ったRundus (1971) の実験では、初めの系列位置にある単語ほどリハーサル回数が多かった（図2-8）。すなわち、系列位置曲線における初頭効果は、次の項目が提示されていっても、リハーサルする回数が多かったために、長期記憶として定着した結果だが、リストの最後の方にある項目は、リハーサルする回数が少ないがために、長期記憶に移行せずに

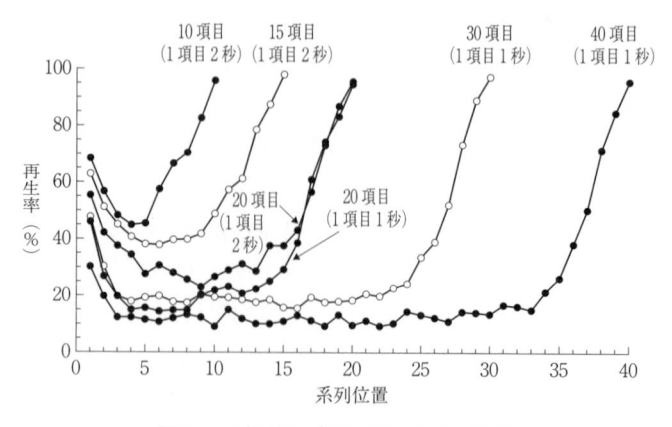

図2-7　系列位置曲線（Murdock, 1962）

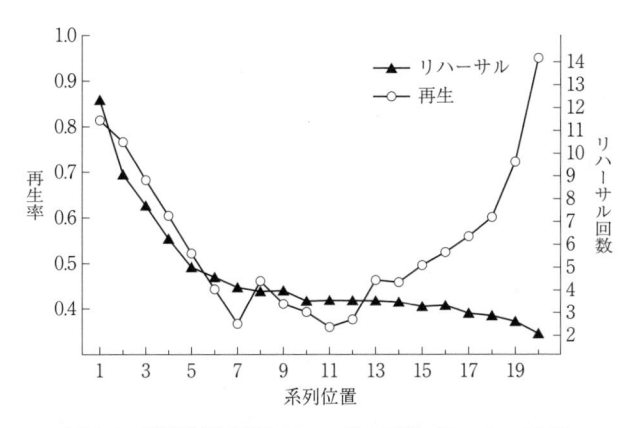

図 2-8 系列位置曲線とリハーサル回数 (Rundus, 1971)

短期記憶にとどまっている段階で、新近性効果は、短期記憶から直接検索された結果として生じたものにすぎなかったのである。

　テストの直前まで単語帳を確認していると、それを忘れないうちに引き出してしまおうとして、試験開始直後には、系列位置が後ろのものを最初に回答することが多いであろう。しかし、これは短期記憶にすぎないものであって、知識として定着させるためには、単語リストをランダムにしたり、継続的に再学習を行うなど、積極的に学習方法を工夫していかなければならないのである。

引用文献

青木多寿子(1999).理科の授業過程の理解 多鹿秀継(編著)認知心理学からみた授業過程の理解 北大路書房 pp. 101-120

Ausbel, D. P.(1963). *The Psychology of Meaningful Verbal Learning : An introduction to school learning*. Grune & Stratton.

Bartlett, F. C.(1932). *Remembering : A study in experimental and social psychology*. London : Cambridge University Press.
(バートレット,F. C. 宇津木保・辻正三(訳)(1983).想起の心理学——実験的社会的心理学における一研究 誠信書房)

Collins, A. M., & Quillian, M. R.(1969). Retrieval time from semantic memory. *Journal of Verbal Learning and Verbal Behavior*, **8**, 240-247.

Craik, F. I. M., & Lockhart, R. S.(1972). Levels of processing : A framework for memory research. *Journal of Verbal Learning and Verbal Behavior*, **11**, 671-684.

Ebbinghaus, H.(1885). *Über das Gedächtnis ; Untersuchungen zur Experimentellen Psychologie*. Duncker & Humblot.(Trans. & Ed. by Ruger, H. A., & Bussenius, C. E.,(1913). *Memory ; A Contribution to Experimental Psychology*. New York : Dover Publications, Inc.)
(エビングハウス,H. 宇津木保(訳)望月衛(閲)(1978).記憶について——実験心理学への貢献 誠信書房)

Godden, D. R., & Baddeley, A. D.(1975). Context-dependent memory in two natural environments : On land and underwater. *British Journal of Psychology*, **66**, 325-331.

石川克博・佐藤浩一(2012).学習支援の理論と実践——記憶と知識—— 群馬大学教育実践研究 第29号 pp. 173-185

板倉聖宣(1974).仮説実験授業——授業書〈ばねと力〉によるその具現化 仮説社

Kuiper, N. A., & Rogers, T. B.(1979). Encoding of personal information : Self-other differences. *Journal of Personality and Social Psychology*, **37**(4), 499-514.

Lachman, R., Lachman, J. L., & Butterfield, E. C.(1979). *Cognitive psychology and information processing : An introduction*. Lawrence Erlbaum Associates.
(ラックマン,R.・ラックマン,J. L.・バターフィールド,E. C. 箱田裕司(訳)鈴木光太郎(監訳)(1988).認知心理学と人間の情報処理Ⅰ~Ⅲ サイエンス社)

Loftus, E. F., & Palmer, J. C.(1974). Reconstruction of automobile destruction : An example of the interaction between language and memory. *Journal of Verbal Learning and Verbal Behavior*, **13**, 585-589.

Miller, G. A.(1956). The magical number seven, plus or minus two : Some limits on our capacity for processing information. *Psychological Review*, **63**, 81-97.

村井潤一郎(2006).知識の剝落 森敏昭・秋田喜代美(編)(2006).有斐閣双書 KEYWORD 教育心理学キーワード pp. 60-61

Murdock, B. B. Jr.(1962). The serial position effect of free recall. *Journal of Experimental Psychology*, **64**, 482-488.

Novak, J. D., & Gowin, D. B. (1984). *Learning how to learn.* Cambridge University Press. (ノヴァック，J. D.・ゴーウィン，D. B. 福岡敏行・弓野憲一（監訳）(1992). 子どもが学ぶ新しい学習法——認知地図法によるメタ学習 東洋館出版社)

Postman, L., & Phillips, L. W. (1965). Short-term temporal changes in free recall. *Quarterly Journal of Experimental Psychology,* 17, 132-138.

Rosche, E. (1975). Cognitive representations of semantic categories. *Journal of Experimental Psychology : General,* 104, 192-233.

Rundus, D. (1971). Analysis of rehearsal processes in free recall. *Journal of Experimental Psychology,* 89, 63-77.

Schank, R. C., & Abelson, R. P. (1977). *Scripts, plans, goals and understanding : An Inquiry Into Human Knowledge Structures (Artificial Intelligence Series).* Lawrence Erlbaum Associates.

財団法人新村出記念財団（2008）．広辞苑 第六版 岩波書店

Slamecka, N. J., & Graf, P. (1978). The generation effect : Delineation of a phenomenon. *Journal of Experimental Psychology : Human Learning and Memory,* 4, 592-604.

Sperling, G. (1960). The information available in brief visual presentations. *Psychological Monographs,* 74, 1-29.（11, whole No. 498）

多鹿秀継（編著）（1999）．授業過程の理解 認知心理学からみた授業過程の理解 北大路書房 pp. 33-58

Vosniadou, S., & Brewer, W. (1992). Mental models of the earth : a study of conceptual change in childhood. *Cognitive Psychology,* 24, 535-585.

理解を深めるための参考文献

- 板倉聖宣（1974）．仮説実験授業——授業書〈ばねと力〉によるその具現化 仮説社
- 日本認知心理学会（監修）太田信夫・厳島行雄（編）（2011）．現代の認知心理学2 記憶と日常 北大路書房
- 太田信夫（著）（2009）．教育心理学概論 放送大学教育振興会
- 多鹿秀継（編著）（1999）．授業課程の理解 認知心理学からみた授業過程の理解 北大路書房

知識を確認しよう

択一問題

(1) （ ① ）などをしなければ、十数秒程度で忘却してしまうような一時的な記憶を（ ② ）記憶、永続的に保持できる可能性のある記憶を（ ③ ）という。①〜③に入る適切な語句を選択肢の中から選びなさい。
　　ア　感覚　　イ　エピソード　　ウ　リハーサル　　エ　長期
　　オ　意味　　カ　展望　　キ　短期

(2) 無意味綴りを利用して、記憶された内容が失われていく過程を示したドイツの心理学者の名前をア〜オの中から選びなさい。
　　ア　エリクソン　　イ　ホール　　ウ　エビングハウス
　　エ　スキナー　　オ　クレッチマー

(3) 記憶すべき内容を順番で覚える場合、最初の方にある内容と最後の方にある内容の再生成績が高い現象を何というか、ア〜オの中から選びなさい。
　　ア　系列位置効果　　イ　初頭効果　　ウ　ピグマリオン効果
　　エ　効果の法則　　オ　平均以上の効果

論述問題

(1) 具体的な例を挙げながら、素朴理論について述べなさい。
(2) 記憶における「符号化」「保持」「検索」について述べなさい。
(3) 児童生徒が知識をより深く獲得するための方策について述べなさい。

第3章 動機づけ

> **キーワード**
>
> 動機　　　　　　　学習目標
> 外発的動機づけ　　動機づけ
> 自己関連情報　　　内発的動機づけ
> アンダーマイニング　自己決定感
> 　効果　　　　　　原因帰属
> 学習性無力感　　　統制感

本章のポイント

　人はなぜそのような行動をするのだろうか？この問いに対する答えは、さまざまあるだろう。人がある目標に向かって行動を起こし、行動を維持しようとする一連の過程を動機づけという。
　動機づけは、人が積極的に生きていこうとするときに重要となる。本章では、学習行動の基礎という観点から人間の動機づけの過程について考えることにする。

1 動機と行動

A 動機づけとは何か

[1] 動機づけ

　われわれは、たとえばのどが渇くと水を飲みたいと思う。この「水が飲みたい」という内的要因を欲求という。そしてこの時に外的環境に水という目標が存在すると、水を飲もうという動機が生じて、水を飲むという行動が喚起されて始発する。

　行動の目標には、この水の例のように、目標に向かって接近行動を生じさせる正の誘因価と、回避行動を起こさせる負の誘因価とがある。同じ目標でも、状況や個人の差によって誘因価の正負が異なることもある。また、1つの目標が同時に正と負の両方の誘因価を持つこともある。この誘因価にしたがって、行動を一定の方向に維持する。そして、目標を達成して水を飲み、渇きを満足すると、水を飲むという行動は終了する。行動が喚起されて開始されて一定の方向に維持され、終了するまでの過程を動機づけという。

　行動を開始しても、妨害や障害のために目標達成行動が維持できなくなったり、目標そのものを失ってしまうこともある。この状態を欲求不満といい、緊張や不快感を増大させる。しかしわれわれはそれに耐えたり、他の目標に置き換えて目標達成を試みるなど、何らかの形で適応していこうとするのである。

[2] 動機の種類

　動機の種類には、大きく分けて2種類ある。1つは、生存に関わるような生理的要因に基づくものであり、一次的動機という。一次的動機には、渇きや飢え、睡眠への動機などに加えて、種の保存や、母性や父性、養育など広く性に関わる動機もある。一次的動機から派生した二次的動機は、経験などによって形成される社会的な動機といえる。たとえば、良好な人間関係を築こうという親和動機や、他者に認められたいという承認動機、優れた水準で物事を達成したいという達成動機などがある。

マレー（Murray, 1938）は、人の内的な要因と環境の要因の両方から行動を説明する中で、内的要因として社会的欲求のリストを作成した。その中には、達成への欲求がある。さらに、マックレランド（McClelland, Atkinson, Clark, & Lowell, 1953）は、当時のアメリカの経済的発展を考慮しながら、達成動機は社会的価値や評価が高い目標を成し遂げようとする動機として概念化して、その測定法を考案した。

　行動は、1種類の動機だけで生じるとは限らない。行動は、複数の動機が同時に、または時系列的、構造的に関与して生じることが多い。また、人生の特定の時期に優勢となる動機もあり、他の時期に移行するとともにそれに代わって他の動機が優勢になることもある。

　マズロー（Maslow, 1970）は、欲求の種類を階層的に位置づける欲求階層説を唱えた（図3-1）。それによると、欲求はより下位層から順番に優勢になり、各段階の欲求をそれぞれ充足することによって、より上位の欲求が優勢となる。この階層構造の最下位には、生理的欲求と安全への欲求が位置づけられている。つまり最初は生存や身の安全に関わる欲求が優勢となる。次に、愛情と所属の欲求、承認と尊敬の欲求という他者との関わりを中心

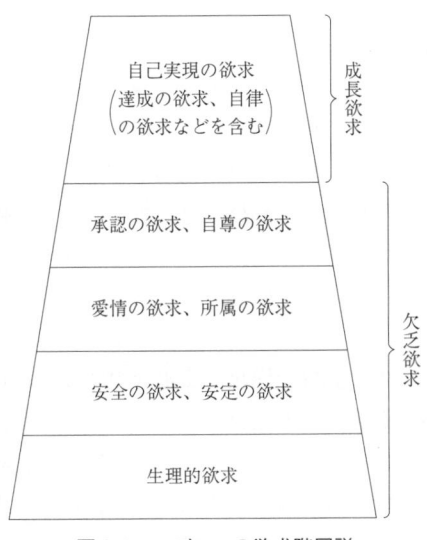

図3-1　マズローの欲求階層説

とする欲求が優勢となる。そして階層構造の最上部には達成や成長、そして自己実現の欲求が位置する。

特に自己実現の欲求は、パーソナリティの形成において、可能性を最大限に発揮しようとする成長動機づけとした。そして他の欲求は、はく奪状態の不満足による欠乏動機づけとした。

マズローの階層構造説は、自らの内部にあるさまざまな欲求を、優勢となる順番に順序づけて階層構造にして整理したこと、そしてより下位の欲求から順番に充足されてはじめてより上位の階層の欲求が優勢になることを示した点が特徴である。

また、オールポート（Allport, G. W.）は、最初は生理的動機を満足させるための手段であった行動が、その動機を満足すると目的化されることがあるという。たとえば最初は経済的に豊かになるために勉強していたが、経済的地位が確立すると、本来は手段であった勉強をすることが、勉強することを目的として勉強するようになる。これを動機の機能的自律性という。

B 達成動機と行動
[1] 外発的動機づけ

生体には、生理的均衡状態を一定に保ち、それが崩れると均衡状態を取り戻す機能が働く。キャノン（Cannon, W. B.）は、この機能をホメオスタシスと呼んだ。苦痛や不快感を伴う環境や刺激から心理的緊張感や生理的不均衡状態が生じると、その緊張感を緩和して生理的均衡状態を回復しようとする動機づけが生じる。緊張感や生理的不均衡が大きいほど、動機づけは強くなる。この機能に基づく動機には、飢え、渇き、排せつ、睡眠などがある。そして、行動の結果動機を充足すると、満足感やうれしさとともに生理的均衡状態が回復し、緊張感や不快感などが解消されて行動は終結する。

目標を達成することで動機を満足する場合のように、目標達成の手段として行動が生じることを外発的動機づけという。たとえば、テストで1番になるために勉強をする、友達と一緒だから塾に通う、叱られないために勉強する、良い成績をとって親に認められたい、などの場合がある。

[2] 動機の強さと行動

　動機には強さがあり、その強弱は行動傾向に影響する。動機の強さは、環境や状況に応じて決定される部分と、個人差によって決定される部分がある。

　達成行動は、より卓越した目標を達成しようとする達成動機に基づき、高度な知識や技能を獲得しようとする行動である。アトキンソン（Atkinson, J. W.）は、達成動機の強さの個人差は、成功への願望と失敗不安との相対的な強さで決定されるという。つまり、成功することの快の予期に基づく達成目標への接近行動と、失敗することの不快の予期に基づく目標からの回避行動との相対的な影響を考慮したのである。

　成功願望が失敗不安よりも強いと、個人差としての達成動機は強くなり、達成行動傾向も強くなる。一方、失敗不安が成功願望よりも相対的に強いと、個人差としての達成動機は弱くなり、達成行動傾向は弱くなる。個人差としての達成動機の強さをこのように考えるならば、失敗不安が高すぎて達成行動をためらうような場合、失敗不安を低下させて相対的に成功願望を高めることで、達成行動が強まる可能性がある。たとえばテストへの不安や過去の失敗経験から自尊心が傷つけられる恐怖を感じる場合などに、その不安や恐怖を低下させる働きかけが達成行動傾向を高めるために有効となるであろう。

[3] 認知の役割

　動機の強さ以外にも行動に影響する要因は存在する。アトキンソンは達成行動の決定要因として、個人差としての達成動機の強さとともに、認知の役割を取り入れた期待価値説を唱えた。

　期待価値説では達成行動を、個人差としての達成動機の強さ、成功への期待（成功の主観的確率）、成功することが持つ価値、の3要因の積として定義した。つまりこれらの3要因のいずれかの要因が欠けても、達成行動は生じないことになる。特に成功への期待つまり成功の主観的確率と、成功することが当人に対して持つ価値、という個人の認知の役割を達成行動の説明に取り入れたことが特徴である。

　期待価値説では、成功する期待、つまり主観的成功確率は、成功するこ

とが持つ価値と関連する。主観的成功確率が低く、より難しい目標に成功するほど、喜びや満足感、誇りなど快感情が強くなるであろう。それは主観的成功確率が低くなるほど、成功することの価値が高くなる、と定義できる。

そこで、主観的成功確率（P）と成功することの価値（V）との関係について、

$$V = 1 - P \quad (0 \leq P \leq 1)$$

と仮定する。次に、個人差としての達成動機の強さ（M）を、

$$M = S（成功願望）- F（失敗不安）$$

と仮定する。すると、達成行動傾向（Ta）は、

$$Ta = M \times P \times V = M \times P \times (1-P) \quad (0 \leq P \leq 1)$$

と表すことができる。この関係式から、Pつまり主観的成功確率に関して、達成行動傾向が次のように予想される。

まず達成動機の強い人（$M \geq 0$）の場合、主観的成功確率が高くやさしい目標になるほど、達成行動には積極的ではなくなることが予想される。また主観的成功確率が低く難しすぎる目標にも、失敗したときの不快感や恥ずかしさが強くなるために、積極的な行動をためらう。一方、主観的成功確率が50%で成功するか失敗するかが半々の目標には、積極的に取り組むことが予想される。

一方、達成動機の弱い人（$M \leq 0$）の場合、そもそも主観的成功確率の低い難しい目標には、失敗不安が強すぎるために達成行動を起こせない。または、難しすぎて失敗することが明らかな目標であれば、落胆などの不快な感情はかえって低くなるので、あえて難しい目標を選ぶことも考えられる。また、主観的成功確率が高くやさしい目標には、失敗不安を感じずに取り組むことができる。つまり、成功確率が50%で成功するか失敗するかが半々の目標は回避して、主観的にやさしい目標か、それともあえて難しい目標を選ぶ傾向が予想される（Atkinson & Litwin, 1960）。

[4] 自己関連情報の収集

　達成行動における認知の役割の重要性は、成功への期待や価値だけではない。成功か失敗かという達成行動の結果は、自分の能力の評価やこれまでの努力など、達成行動に関わる自己関連情報を与えてくれる。逆に、自分が努力してきた結果や自分の能力の程度を知りたい、正確な自己評価がしたい、という場合には自己関連情報が有効となるために、それらを収集するための目標達成行動が起きることもある。

　自己関連情報は、主観的成功確率が高いやさしい目標に成功しても、その結果から自分にどれだけ能力があるのか、どれだけ努力したのかについて、正確に判断することは難しい。また、やさしいと見込んでいた課題に失敗すると、それまでの自分の能力や努力などの自己評価や自尊心が揺らぎ、自信をなくすこともある。一方、主観的成功確率が低い難しい目標に失敗しても、自分の能力や努力がどれほど不足しているのかは曖昧である。また、難しい目標に成功しても、その成功が偶然だと考えると、自分の能力や努力の程度について正確に知ることも難しくなる。

　それでは主観的成功確率が50％、つまり成功するか失敗するかが半々だろうと見込んだ目標の達成結果から、どのような自己関連情報が得られるだろうか。この課題の結果は、その原因を目標の困難度に帰因させるよりも、自分の能力や努力の程度に関わる要因に帰因させることが可能である。つまり他の難易度の目標よりも、自己関連情報が得やすいことになる。

　期待価値説では、達成動機が弱いと、難しい目標かやさしい目標を選ぶ傾向が予想された。一方達成動機が強いと、成功するか失敗するかが半々の目標を選ぶ傾向が予想された。この予想を、自己関連情報の収集という点から考えてみる。すると、達成動機が弱い場合には、成功と失敗という結果によって自分の能力や努力が正確に評価される情報を、あえて回避すると説明できる。また達成動機が強い場合には、自分の能力や努力の程度などの正確な評価に関する情報を収集しようとすると説明できる。

C　内発的動機づけ
[1] 内発的動機づけ

　知的好奇心から勉強するときのように、報酬が目的ではなく、勉強する

行動自体を目的とする場合を、内発的動機づけという。人は、飢えや乾き、睡眠などの生理的動機が満たされて、環境にも不均衡が生じなければ、行動への動機づけが生じにくい。しかし、生理的動機を満足して均衡のとれた環境の中で、全く感覚刺激が与えられない状態を経験するという感覚遮断の実験では、長時間その状態に耐えることができなかった。つまり、われわれは常に何らかの刺激を受けて積極的に活動することが必要不可欠であることがわかる。

　ホワイト（White, 1959）は、内発的動機づけは、効果的に環境との相互作用を積極的に行いながら、有能さ（competence）を求める行動に結び付くという。ハーロー（Harlow, 1950）は、子ザルが母ザルにしがみつきながら新奇な対象へと接近しようとすることから、面白さや楽しさを感じながら、自信を獲得していく過程を重視した。養育者を安全基地としながら探索行動を始め、新奇な対象などに興味を向けて活動の幅を広げていく途中で、行動に面白さや楽しさや満足感を感じることができること、そして同時に褒められることなどで自信や有能さを獲得することができることが、内発的動機づけの源泉となる。

[2] 自己決定感

　内発的動機づけは、興味や好奇心、有能さに基づくものであると同時に、自律性、自己決定感も重要な源泉となる。

　デシとライアン（Deci & Ryan, 1985, 2002）は、自律性の欲求、つまり自分の欲求充足を自分で決定できる程度を最も満足する場合、内発的に動機づけられるとした。そして、外発的動機づけと内発動機づけを対立する2項として扱うのではなく、自律性の程度によって、外発的な動機づけから内発的な動機づけまでを段階に分けて連続的に位置づけた。

　まず、全く動機づけが働かない状態から、褒める、ご褒美などの報酬や、叱られないためにといった罰を避けることなどの外的刺激によって、外発的行動を起こす。これは外的調整の段階で、自己決定感は低い。次に、友達に負けたくないなど他者との比較による自己評価の高揚のためや、恥をかきたくないなど不安や強制感に基づくなど、完全な外的刺激からではない行動となる。これは、取り入れ的調整段階である。第3段階は、自分が

自分自身の行動の価値を認めて追い求める段階へと変化する。たとえば、資格をとるために勉強するなど、同一化的調整段階である。手段として行動しているが、価値や重要性を認識している点で自己決定感はかなり高い。そして最後に、活動すること自体の価値を高く感じて、自らが行動を起こすという内発的動機づけの段階へといたる。この過程を、動機づけの内在化という。

内発的動機づけと外発的動機づけは、どちらが望ましいかではない。また、行動は必ずしも片方の動機づけから出発するとは限らない。何が行動の動機を喚起しているのか、さらに動機を強めて行動を維持させるためには何が必要かを明らかにしながら、達成行動傾向を高める働きかけが重要となる。

[3] アンダーマイニング効果

行動は、褒められる、ご褒美が与えられるなどの報酬が伴うと強化される。しかし内発的動機づけにおいては、報酬が必ずしも行動の強化を生まず、むしろ抑制することもある。これを、アンダーマイニング効果という。

デシ（Deci, 1971）は、行動の強化に与える報酬の効果について検討した。そこでは大学生に対して、パズルを解くという課題を与えた。その時、第1セッションでは全員が自由にパズルに取り組んだ。第2セッションでは、実験群として、学生の半数にはパズルを解いたお礼として金銭を渡すが、統制群、つまり残りの半数の学生には、何も与えられなかった。そして最後のセッションでは、全員が自由にパズルに取り組み、何も報酬は与えられなかった。各セッションが終了するごとに、学生には自由時間が与えられて、何をしてもよいと告げられた。その間、実験者は部屋から退出した。この自由時間に、それぞれ学生がパズルに取り組む時間が測定された。学生は自由時間に何をしてもよいのだが、その時にパズルを解こうとするならば、内発的に動機づけられた行動であるとみなすのである。

結果は、統制群の学生は、いずれも自由時間にパズルを解く時間に大きな差は認められなかった。一方実験群の学生は、第2セッション後の自由時間にパズルを解く時間が増加し、第3セッション後の自由時間は、統制群よりもパズルを解く時間が減少した。統制群では、第3セッション後の

パズルを解く時間はそれほど減少しなかったので、実験群が第3セッション後の自由時間にパズルを解く時間が減少したのは、第2セッションでパズルを解いて報酬を受け取ったことが影響しているといえる。つまり実験群は報酬を受け取ったことで、その分パズルを解く内発的動機づけが割り引かれて低下した、と結論された。

それではなぜ、内発的動機づけは報酬によって低下するのだろうか。デシ（Deci, 1975）は、報酬などの外的要因が、自己決定感や有能感の認知を変化させることで、内発的動機づけに影響すると説明した。

まず報酬には、制御的側面と情報的側面があると考えられる。報酬が制御的機能を果たすならば、報酬を受け取ることは、それによって他者から統制されているという認知が生じて、それは自己決定感を低下させる。一方、報酬が情報的機能を果たすならば、報酬は自分の行動の社会的価値に関する情報、たとえば良いことをしたという意味、が得られることになる。

たとえば、楽しみながら勉強しているときに、勉強したからご褒美をあげるといわれると、自発的に勉強しようという気持ちが低下してしまうことがある。これは、自由に行動することが報酬で制限されたと認知して、自己決定感が低下したためであると説明される。一方、報酬が自分の行動の社会的価値を示す情報となるときには、有能感と自己決定感は高まる。それは、勉強すること自体が面白いうえに、親にも褒められるような場合である。このような場合には、さらに自主的に勉強を進めることであろう。

外的報酬が内発的動機づけに与える効果は、報酬が金銭など具体的な事物なのかまたは言語的報酬か、などによっても影響する。また、誰から与えられる報酬かによっても影響する。

2 原因帰属

A 原因帰属と行動
[1] 原因帰属とは何か
われわれには、世の中に生じる出来事の因果関係を説明して、理解した

いという欲求があり、原因を求めようとする。この時、原因を何に特定するのかによって、感情や次の行動への期待が影響を受ける。

　行動の結果を特定の要因に帰する過程を原因帰属という。原因帰属は、どのような帰属を形成してどのような感情を経験するのかという過程と、帰属の形成が次の行動の期待に影響する過程が考えられる。

　ワイナー（Weiner, B.）は、原因帰属に関わる要因を表3-1のように分類した。それは、行動の結果が、自分の内的要因にあるのか外的要因にあるのかという原因の所在、原因を自分で統制できるかどうかという統制可能性、原因が安定した要因か変動的な要因かという安定性である。

　たとえば、テストで悪い成績をとったときに、能力の低さに原因帰属すると、それは統制不可能で安定した内的要因となり、次のテストも悪い成績となるかもしれないと思い、勉強しなくなるかもしれない。しかし、自分の努力不足に原因帰属すると、統制可能で変動的で内的原因となって、次のテストでも同じように努力すれば良い成績がとれるかもしれないと思えば、勉強しようとする気持ちが強くなるであろう（図3-2）。

表3-1　帰属要因の分類（Weiner, 1986より筆者作成）

	統制可能		統制不可能	
	安定的	変動的	安定的	変動的
内的	普段の努力	一時的な努力	能力	気分
外的	教師の偏見	他者の日常的ではない援助	課題の困難さ	運

[2] 原因帰属と行動変容

　原因帰属の形成によって次の行動が影響を受けるのであれば、原因帰属の形成の仕方を変えることができれば、それに伴って行動を変容させることもできることになる。ドゥエック（Dweck, 1975）は、原因帰属の形成の仕方を変えることによって、学習意欲がどのように変容するのかを検討した。

　算数の成績が悪くて、算数の勉強に意欲を失ってしまった児童に対して、集中学習を行った。その集中学習の際に児童らは、学習方法の差による2つの群に分けられた。1つは成功経験群で、やさしい課題に対して成功経

①テストの成功を能力に帰属した場合

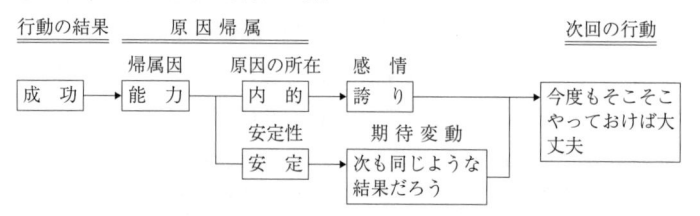

行動の結果　　原因帰属　　　　　　　　　　　　次回の行動

成功 → 帰属因：能力 → 原因の所在：内的 → 感情：誇り → 今度もそこそこやっておけば大丈夫
　　　　　　　　　　安定性：安定 → 期待変動：次も同じような結果だろう

②テストの成功を努力に帰属した場合

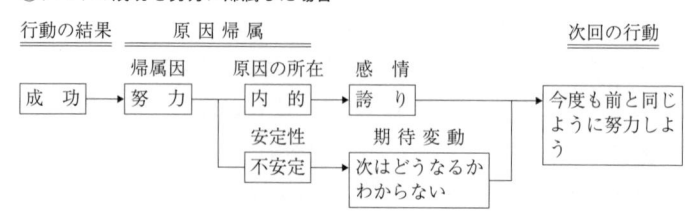

行動の結果　　原因帰属　　　　　　　　　　　　次回の行動

成功 → 帰属因：努力 → 原因の所在：内的 → 感情：誇り → 今度も前と同じように努力しよう
　　　　　　　　　　安定性：不安定 → 期待変動：次はどうなるかわからない

③テストの失敗を能力に帰属した場合

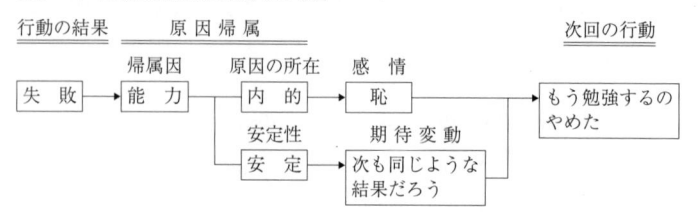

行動の結果　　原因帰属　　　　　　　　　　　　次回の行動

失敗 → 帰属因：能力 → 原因の所在：内的 → 感情：恥 → もう勉強するのやめた
　　　　　　　　　　安定性：安定 → 期待変動：次も同じような結果だろう

④テストの失敗を努力に帰属した場合

行動の結果　　原因帰属　　　　　　　　　　　　次回の行動

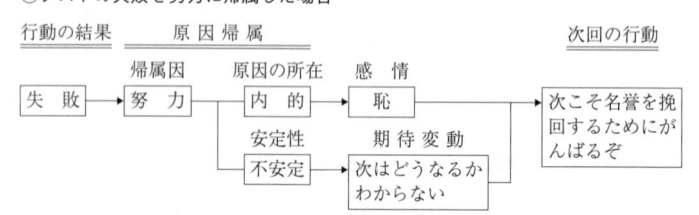

失敗 → 帰属因：努力 → 原因の所在：内的 → 感情：恥 → 次こそ名誉を挽回するためにがんばるぞ
　　　　　　　　　　安定性：不安定 → 期待変動：次はどうなるかわからない

図 3-2　原因帰属と学業成績（市川、1995）

験を積ませて、自信をつけさせる群である。他方は、やさしい課題と難しい課題を練習させて、失敗したときに、学習の方法などを変えてみるように促した努力帰属群である。その結果、集中学習後のテストで、成功経験

群は、解答に失敗すると課題に取り組む時間が減少したが、努力帰属群は、解答に失敗しても課題に取り組む時間が維持されることが明らかになった。

努力帰属は、内的要因で統制可能、変動要因として位置づけられる。もしも課題の失敗を、能力不足、つまり、内的要因であるが統制不可能で、安定的要因に帰属して、さらにその失敗が何回も続き、能力不足が決定的となるとどうなるであろうか。自分で自分の行動をコントロールできず、それが不変的であると確信して、学習意欲を失うかもしれない。しかし、内的要因ではあるが、変動要因で統制可能である努力不足に帰属することができれば、たとえば勉強の方法を変えて再度勉強してみようと思い、学習意欲を維持できる可能性がある。ただし努力帰属は、度重なる失敗を努力不足に帰属するために、努力してもうまくいかないという挫折感や自尊心の低下を強める危険性もある。

B 学習性無力感
[1] 学習性無力感

動物は、特定の反応や行動に報酬が与えられると、それが速やかに出現するようになる。さらに不快な刺激が回避可能であれば、すばやく回避しようとする。セリグマンとメイヤーら（Seligman & Maier, 1967：Overmeier & Seligman, 1967）は、電気ショックが与えられても逃げることができない状態を経験したイヌは、電気ショックを回避可能な状態におかれても、最初のうちは回避しようとするが、そのうちにあきらめてしまうと報告した。これは、不快な刺激を自分自身で回避することが不可能な状態が続くことで、回避可能な状態となっても回避行動への動機づけが低下したからだと考えられた。そして、経験によって無力感が形成されたので、学習性無力感と呼んだ。

確かに自分では統制できない嫌悪事象や失敗が続くと、無力感に襲われて何もする気がなくなる。しかし、勉強をしてもしなくても、いつでも100点満点がとれるようなときにも、やはり勉強する気を失うことがある。つまり失敗や嫌悪事象が続くことだけが、無力感を形成する要因ではないことがわかる。

自分がこれだけ行動すれば、結果はこのようになるという行動と結果と

の関連性の認知を、随伴性の認知という。学習性無力感は、自分の行動やその結果など、自分の周りの環境を自分自身で制御できないと感じる非随伴性の認知の形成が影響するといえる。

[2] 統制感

ロッター（Rotter, J. B.）は、自分はまわりの環境を自分自身でコントロールできる存在であると感じることができることを、内的統制感といい、自分以外の要因によってコントロールされていると感じることを、外的統制感とした。内的統制感、外的統制感の程度は、次の行動への期待に異なる影響を及ぼす。たとえば、内的統制感が強い場合には、原因を自分自身に帰属する傾向が高まり、特に失敗などの嫌悪事象が続くと、無力感に陥りやすいことが予想される。また外的統制感が強い場合には、肯定的な事象であっても自分に引き付けて帰属することが難しくなり、自信がない状態が予想される。

3 学習目標

A 達成目標

伸びしろという言葉がある。失敗することは、誰にとっても否定的な感情を伴う嫌な出来事である。特に失敗を能力不足に原因帰属し続けると、無力感に陥りやすくなる。しかし、能力をどのように考えるかにより、重なる失敗を能力不足に帰属しても、次の行動への期待の低下は防ぐことができる。

もしも、能力は拡張可能であると考えるならば、失敗が現在の能力不足によるとしても、それ以上にまたは異なる領域での能力を拡張させようとして、次の行動への期待を低下させないですむ。しかし、能力が固定的で安定した実体と考えるならば、現在の能力の量と評価が問題となる。つまり、努力しても現在の能力は増大せず、限定的であるので、今の自分の能力が他者からどのように評価されるのか、または低い能力をどのように隠

すのかが問題となる。能力を限定的に固定していると考えると、失敗すると無力感に襲われやすくなる。

　ドゥエック（Dweck, 1986 : Dweck & Leggett, 1988）は、能力についての見方が、学習目標に影響すると考えた。まず能力は、拡張可能で複数の能力の集合とみなす増大理論と、しかし統制不能で安定した実態とみなす固定理論とが考えられる。そして増大理論に立つと習熟目標を、固定理論に立つと遂行目標を持つという。

　遂行目標は、良い成績をとって親にほめられたい、など他人と比較して自分の高い評価を得ることを目標とする。したがって、外発的に動機づけられた行動が起きる一方で、1番の成績をとる、といったより高い目標の達成に向けて行動する点では、内発的に動機づけられているともいえる。しかし、遂行目標に向かう達成行動は、失敗すると能力不足に原因が帰属されやすく、自分の無能さが明確になると、無力感に陥りやすくなる。また、自分の能力の低さが明らかになりそうであると、セルフハンディキャッピングなどの自己防衛的行動をとりやすくなる。

　能力の増大理論に立つと、習熟目標を志向して、新しいことを知りたい、資格取得にチャレンジしたいといった熟達に価値をおくことを目標とする。そこには内発的な学習行動が期待できる。習熟目標の達成は、努力によって推進され、能力の増大が期待される。また、失敗すると自分の能力に関わる情報、つまり何ができて、何ができないのかについての情報が収集できることになる。そこで能力に自信があれば挑戦的な行動に出ることもできる。また能力に自信がない場合にも、粘り強い行動が期待できる。

　失敗や困難に直面したときであっても、能力が拡張的であるという信念を持つことが、または習熟目標を持つことによって、動機づけを維持できることを示している。

B 社会的責任目標と動機づけ

　ウエンツエル（Wentzel, 1991）は、自律性、有能さに加えて、関係性の基本的な欲求が満たされて、積極的な活動が促進され、心理、社会的発達が促されるという。関係性への欲求とは、重要な他者と意義ある繋がりを持ちたいという欲求である。

たとえば、決まりを守ることや思いやりがある行動をとるといった社会的責任行動をはたす生徒は、先生から良い評価が得られやすい。それはさらに、その先生が受容的態度で生徒に接することが予想される。すると生徒は、勉強への動機づけをさらに高めて成績向上へとつなぐであろう。同様に、社会的責任行動をとる生徒は、友人たちからも信頼や受容を高めて、人間関係も良好となるだろう。良好な人間関係を構築できれば、必要なときに友達から有効な情報や援助を受け取ることが可能となる。さまざまな対人関係が良好であることが、学習への動機づけを高めることになる。

　特に、重要な他者との関係において、その他者の持つ価値観を内在化し、自律的でありながらも、他者からの要望や期待に応えるように努力をしようとする動機を他者志向的動機という。日本などアジアの国々での達成動機、達成行動に対する価値や文化を反映した特徴的な動機になる。

トピック　社会的関係と動機づけ

　アトキンソンの期待価値説では、成功する可能性と成功することの持つ価値が、個人の達成行動に与える重要な要因として取り込まれている。したがって、特定の文化や社会の中で、またその時代精神によって、成功することの価値や意味は異なり、それが個人の達成動機づけに大きく影響することを意味している。個人の達成動機づけを、社会文化的文脈の中で捉えることの重要性を示しているのである。

　欧米での研究が発端となった達成動機づけの研究は、自律的な人間の存在を優先しながら進められてきた。しかし、Markus & Kitayama（1991）が指摘するように、日本を含むアジア諸国においては、自己と他者との関係や、自己と集団との間を調整しながら自ら適応する過程が、社会文化的背景の特徴となる。そのために個人の達成動機づけの特徴についても、これらの観点からの検討が必要となる。たとえば日本の達成動機の研究には、親和動機と達成動機との正の相関関係を示したり（宮本・加藤、1975）、他者との調和を重視する親和的達成動機の存在（土井、1982）などの報告がある。また、成功不安の研究（Horner, 1972）から明らかにされたように、達成が強く見込まれる達成動機の高い人にもかかわらず、成功がもたらす性役割観との葛藤や人間関係の軋轢を予想して、あえて成功することを回避する行

動の存在も示されている。

われわれは正確な原因を追究しようとする一方で、自尊心が傷つき自己評価の低下を回避するために、正確ではなくとも自己高揚や自己防衛が可能となる利己的帰属をしたり、将来の自己防衛のためにセルフハンディキャッピングをする。また自分の高能力が他者に公表されるときには、謙遜してみせたり、自己卑下的自己呈示をすることもある。謙遜や自己卑下的自己提示は、他者から自分に対する好意を引き出し、能力のより高い推測を生む可能性もあるからである（北山・高木・松本、1995）。

達成動機づけは、困難な目標達成という動機だけではなく、個人を取り囲む社会や文化的要因、人間関係などとの関連性から位置づけて、達成行動を考えることが重要であることがわかる。

引用文献
Abramson, L. Y., Seligman, M. E. P., & Teasdale, J. D. (1978). Learned helplessness in humans : Critique and reformulation. *Journal of Abnormal Psychology*, 87, 49-74.
Allport, G. W. (1937). *Personality : a psychological interpretation*. New York : H. Holt and Company, Reinhart, & Winston.
　（オールポート，G. W. 詫摩武俊他（訳）(1982). パーソナリティ――心理学的解釈　新曜社）
Atkinson, J. W. & Feather, N. T. (Eds.) (1966). *A theory of achievement motivation*. New York : Wiley.
Cannon, W. B. (1932). *The wisdom of the body*. New York : WW Norton & co.
Deci, E. L. (1971). Effects of externally mediated rewards on intrinsic motivation. *Journal of Personality and Social Psychology*, 18, 105-115.
　（デシ，E. L. 安藤延男・石田梅男 (1980). 内発的動機づけ――実験社会心理学的アプローチ　誠信書房）
Deci, E. L. (1975). *Intrinsic motivation*. New York : Plenum Press.
Deci, E. L., & Ryan, R. M. (1985). *Intrinsic motivation and self-determination in human behavior*. New York : Plenum Press.
Deci, E. L., & Ryan, R. M. (2002). *Handbook of self determination research*. Rochester, NY : University of Rochester Press.
Dweck, C. S. (1975). The role of expectations and attributions in the alleviation of learned helplessness. *Journal of Personality and Social Psychology*, 31, 674-685.
Dweck, C. S. (1986). Motivational process affective lerning. *American Psychologist*, 41, 1040-1048.
Dweck, C. S. & Leggett, E. L. (1988). A social cognitive approach to motivation and

personality. *Psychological Review*, 95, 256-273.
Harlow, H. F.（1950）. Learning and satiation of response in intrinsically motivated complex puzzle performance by monkeys. *Journal of Comparative and physiological Psychology*, 43, 4, 289-294.
Horner, M. S.（1972）. Toward an understanding of achievement-related conflicts in women. *Journal of Social Issues*, 1972, 28, 2, 157-175.
市川伸一（1995）．現代心理学入門　第3巻　学習と教育の心理学　岩波書店
北山忍・高木浩人・松本寿弥（1995）．成功と失敗の帰因――日本的自己の文化心理学　心理学評論，38, 247-280.
Markus, H. R., & Kitayama. S.（1991）. Culture and the self : Implications for cognition, emotion, and motivation. *Psychological Review*, 98, 224-253.
Maslow, A. H.（1970）. *Motivation and personality.* 2nd ed. Harper & Row.
McClelland, D. C., Atkinson, J. W., Clark, R. A., & Lowell, E. L.（1953）. *The achievement motive.* New York : Appleton-Century-Crofts.
宮本美沙子・加藤千佐子（1975）．達成動機と親和動機との関係について　日本女子大学紀要　家政学部，22, 23-28.
Murray, H. A.（1938）. *Exploration in personality.* New York : Oxford University Press.
Overmeier, J. B., & Seligman, M. E. P.（1967）. Effects of inescapable shock upon subsequent escape and avoidance responding. *Journal of Comparative and Physiological Psychology*, 63, 28-33.
Rotter, J. B.（1966）. Generalized expectancies for internal versus external control of reinforcement. *Psychological Monographs*, 80, 1, 609, 1-28.
Seligman, M. E. P., & Maier, S. F.（1967）. Failure to escape traumatic schock. *Journal of Experimental Psychology*, 74 1-9.
土井聖陽（1982）．達成動機の二次元説――親和的達成動機と非親和的達成動機　心理学研究，52, 344-350.
Weiner, B.（1986）. *An attributional theory of motivation and emotion.* New York : Springer-Verlag.
Wentzel, K. R.（1991）. Social competence at school : relations between social responsibility and academic achievement. *Review of educational Psychology*, 61, 1-24.
White, R. W.（1959）. Motivation reconsidered : The concept of competence. *Psychological Review*, 66, 5, 297-333.

理解を深めるための参考文献
- 市川伸一（編）（2010）．日本認知心理学会（監修）　現代の認知心理学5　発達と学習　北大路書房
- 鹿毛雅治（編）（2006）．海保博之（監修）朝倉心理学講座8　教育心理学
- 上淵寿（編）（2004）．動機づけ研究の最前線　北大路書房
- 上淵寿（編）（2008）．感情と動機づけの発達心理学　ナカニシヤ出版

知識を確認しよう

択一問題

(1) マズロー（Maslow, A. H.）の主張した欲求階層説について、適切な説明を次の中から1つ選びなさい
① 欲求の種類には、生理的な1次的欲求と、そこから派生する社会的な2次的欲求の2種類がある。欲求階層説では、社会的欲求の種類を述べた。
② 欲求（動機）が生じて行動が喚起され、目標に向けて一定の方向に行動が持続し、行動が終結するまでの過程を説明した。
③ 欲求を生理的欲求から自己実現欲求まで階層構造に位置づけて、順番に欲求を満足することで次の階層の欲求が強くなることが示されている。
④ 欲求を、安全の欲求、自己実現の欲求、愛情の欲求、の順番に3層構造として位置づけた。
⑤ 生理的欲求（動機）を満足させるための手段であった行動が、それを満足するとその行動そのものが目的化されることである。

(2) 次の説明について、正しいものを1つ選びなさい。
① 生体には、生理的均衡状態を一定に保ち、それが崩れると均衡状態を取り戻す機能が働くという。これを、キャノン（Cannon, W. B.）は、ホメオスタシスとした。
② アトキンソン（Atkinson, J. W.）による達成動機の期待価値説では、達成行動傾向は、達成動機の強さの個人差と、成功することの期待との和によって説明されるとしている。
③ 内発的動機づけは、知的好奇心と、効果的に環境と相互作用できる有能さ、という2要因が源泉となっている。
④ 報酬は必ずしも内発的動機づけを高めることにはならない。これを、オーバーマイニング効果という。

⑤ 学習性無力感は、度重なる失敗や嫌悪事象を自分の努力不足に原因帰属することによって形成される。

(3) 次の人物と業績の組み合わせから正しいものを1つ選びなさい。
① マレー（Murray, H. A.）一次的動機づけのリストの作成
② ホワイト（White, R. W.）内発的動機づけにおける自己決定感の重要性を主張
③ ワイナー（Weiner, B.）達成行動の原因帰属理論を提唱
④ ロッター（Rotter, J. B.）学習性無力感の形成過程を提唱
⑤ デシ（Deci, E. L.）報酬の制御的側面とセルフハンディキャッピングを提唱

論述問題

(1) 学校の成績がいつも悪くてやる気を失った生徒と、成績がいつも良いのにやる気を失った生徒がいます。この2人の生徒が勉強に積極的に取り組めるようにするためには、どのように働きかけるとよいですか。具体的な例を述べなさい。
(2) 自分が勉強しようと意欲を持ったときの理由を説明しなさい。
(3) これまでの自分の人生で、特定の期間に特に顕著になった動機と行動について説明しなさい。

第4章 学習

> **キーワード**
>
> 古典的条件づけ　　オペラント条件づけ
> プラトー　　　　　学習曲線
> 洞察　　　　　　　観察学習
> 有意味受容学習　　先行オーガナイザー
> ジグソー学習　　　適性処遇交互作用
> 　　　　　　　　　（ATI）

本章のポイント

　「学習」と聞くと、イスに座り、紙とペンを使って勉強している様子をイメージする人は多いかもしれない。しかし、心理学において、学習という言葉はより広範な意味を持っており、その捉え方にはさまざまな立場が存在する。教育とは、学習を促進する行為であり、学習をどのように捉えるかによって、当然のことながら、推奨される教授法も大きく変わってくる。そのため、さまざまな工夫を凝らして教育を行っていくうえでは、学習の捉え方と関連する研究知見を把握しておく必要があるといえる。
　そこで本章では、心理学の中の学習の捉え方を分類したうえで、関連する研究知見を概観し、それぞれの立場から示唆される効果的な教授法のあり方について紹介していく。

1 学習の捉え方の分類と教授法

　心理学における学習の捉え方は、「行動」と「知識」のどちらに焦点を当てるかによって大きく分けることができる。人間や動物の行動に焦点を当てた立場は行動主義と呼ばれる。この立場においては、「行動の変容」を学習と捉え、これまで生起しなかった行動が生起するようになれば「学習が成立した」と表現する。逆に、これまで見られていた行動が見られなくなった場合や、その生起頻度が減少した場合も、行動に変化が見られていることから「学習が成立した」と考える。

　一方、心理学においては、「行動」ではなく「知識」に焦点を当て、学習を「知識の構築過程」であると捉える立場もある。また、知識の構築過程のどの側面に焦点を当てるか、知識そのものをどのように捉えているかによって、学習を「知識の構築過程」と捉える立場は、さらに分類を行うことが可能である。

　以下では、それぞれの立場における心理学の知見をより詳細に解説するとともに、考えられる効果的な教授法のあり方について述べることとする。

A　学習を「行動の変容」と捉える立場

　行動主義の立場では、学習は「経験によってもたらされる比較的永続的な行動の変容」と定義される。行動主義における学習理論は、刺激 (S) と反応 (R) の連合によって学習を説明しようとするため、S-R 理論とも呼ばれる。刺激と反応の連合によって学習を捉える代表的な現象が、条件づけである。行動主義と呼ばれる立場においては、2種類の条件づけが提唱されているため、これら2つの条件づけの手続きと、関連する知見を整理しておくことが肝要である。

[1] 古典的条件づけ

　古典的条件づけの例としては、ロシアの生理学者であるパブロフの行った唾液分泌の研究が挙げられる。彼は犬の唾液の分泌について調べる中で、エサを与えるときに必ずベルの音を聞かせると、ベルの音を聞くだけでも

犬が唾液を分泌するようになることを発見した。

　この古典的条件づけの手続きを図 4-1 に示す。エサという刺激（S）は、唾液の分泌という反応（R）を無条件で引き起こす刺激であるため、無条件刺激（UCS：unconditioned stimulus）と呼ばれる。また、唾液はエサによって無条件に引き起こされる反応であるため、無条件反応（UCR：unconditioned response）と呼ばれる。一方、ベルの音は、もともと唾液分泌という反応を引き起こす力は持たない中性的な刺激であるため、中性刺激（NS：neutral stimulus）と呼ばれる。ところが、中性刺激であるベルの音と、無条件刺激であるエサを必ずセットにして犬に提示すると（この手続きを対提示という）、ベルの音と唾液の分泌反応が結び付いて、ベルの音を聞いただけでも唾液を分泌するようになる。このように、刺激と刺激を対提示することで、これまで見られなかった刺激と反応の連合が成立するという現象を古典的条件づけと呼ぶ。この時、ベルはもはや中性刺激ではなく、条件づけられた反応を引き起こす条件刺激（CS：conditioned stimulus）に変化している。一方、唾液分泌という反応は、条件づけの手続きを行った結果として見られるようになった反応であり、条件反応（CR：conditioned response）と呼ばれる。

　このような条件づけを「学習」と呼ぶことに違和感を覚える読者もいるかもしれない。しかし、学習を「経験による行動の変容」と捉えるならば、ある経験をすることで、これまでに見られなかった行動（反応）が見られるようになるという点において、条件づけは、まさに学習と呼べる現象である。

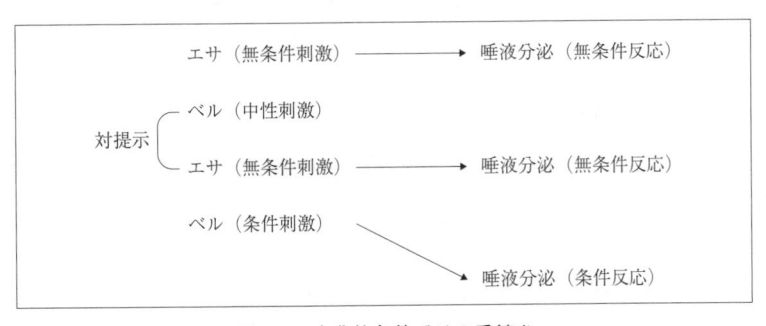

図 4-1　古典的条件づけの手続き

条件づけに関しては、般化と弁別という2つのキーワードについても併せて理解しておきたい。ワトソンとレイナー（Watson & Rayner, 1920）は、赤ん坊を対象とした実験の中で、大きな金属音を用いることで、白いネズミを見ただけで泣くように条件づけを行った。ここまではパブロフの研究と同じ現象であるが、ワトソンとレイナーの研究ではさらに興味深いことが報告されている。恐怖反応を条件づけられた赤ん坊は、白いネズミだけでなく、白いウサギ、さらには白い毛皮のコート、白いヒゲの人形にまで恐怖反応を示すようになったのである。このように、条件づけを行った反応が、条件づけに用いた刺激（条件刺激）と類似した刺激にまで、反応が広がることを般化という。

　また、このような反応を示すようになった赤ん坊に対して、白いネズミには引き続き大きな金属音を対提示し、白いウサギに対しては金属音を対提示しないといった手続きを繰り返せば、赤ん坊は白いネズミのみに恐怖反応を示すようになる。このように、異なる刺激に対して異なる反応を示すようになる現象を弁別と呼ぶ。

　人間を含めた動物全般の学習において、般化や弁別といった現象は非常に重要な役割を担っている。たとえば、鋭い牙を持つ犬に噛まれて怖い思いをした経験から、鋭い牙を持つ動物全般に対して恐怖反応を示すようになることは、自分の命を守るうえで重要な学習である。噛まれたことがないからといって、ライオンやトラに対して恐怖を抱かずに近づいてしまえば、たちまち命を落とすことになるであろう。また、逆に、類似した刺激に対して同様の反応しかできないことも、適応的な生活の妨げとなる場合がある。たとえば1人の人に騙されたからといって、世の中のすべての人に対して嫌悪感情を抱き続けていては、社会生活を営むことはできない。

[2] オペラント条件づけ

　条件づけには、上述した古典的条件づけの他に、スキナー箱のラットに代表される、オペラント条件づけと呼ばれるものがある。スキナーはアメリカの心理学者であり、スキナー箱は彼の発明した箱である。この箱は中にあるレバーを押すとエサが出てくる仕掛けになっており、この箱に入れられたラットは、最初はレバーを押すという行動はほとんど見せないが、

しだいにレバーをたくさん押すようになる。この現象を理解するうえで重要なのは、行動と刺激の随伴性である。

図 4-2 に示すように、スキナー箱では、レバーを押すという動物の自発的な行動に対して、エサという刺激（報酬）が伴うという構造が成立している。これを行動随伴性という。オペラント条件づけとは、このように、生体の行動に対して刺激（報酬）が伴うことで、行動の生起頻度が変容する現象を指す。動物園や水族館で、飼育員が動物に対してさまざまな芸を習得させられるのは、この条件づけの原理を利用しているからである。

```
自発的行動 ─────────▶ 刺激（強化子・嫌悪刺激）
```

図 4-2　行動と刺激の随伴性

オペラント条件づけに関しては、特に、強化と消去という 2 つの用語をしっかりと理解しておきたい。オペラント条件づけにおける強化とは、スキナー箱に入れられたラットがレバー押しを学習する場合のように、特定の行動（反応）に対して報酬を与えるなどして、行動の生起頻度を増やす手続きを指す。また、この手続きにおいて、行動に対して与えられる報酬（例：エサ）を強化子という。

一方、オペラント条件づけには、自発的な行動の生起頻度を増やすだけではなく、行動の生起頻度を減らす手続きもある。行動の生起頻度を減らしたければ、動物が行った行動に対して報酬を与えなければよい。たとえば、スキナー箱において、レバーを押してもエサが出てこないようにすれば、ラットはしだいにレバーを押さなくなっていく。このような手続きが消去である。また、行動の生起頻度を減らす手続きには、報酬を与えないのではなく、嫌悪刺激を与える方法もある。スキナー箱のラットでいえば、レバーを押すと電気ショックが流れるようにすれば、ラットはやはりレバーを押さなくなっていく。この手続きが罰である。罰は行動の生起頻度を減らすうえで非常に即効性があるが、その一方で、罰を与えることをやめてしまうと、もとの状態にまで戻ってしまうという問題があることが指摘されている。また、オペラント条件づけが成立する条件として、行動が起

こった直後に報酬なり罰が与えられることが必要であるが、生徒の行動を常に監視しているなど、現実の教育場面では不可能であり、こうしたことから、罰によって教育を進めていくことの難しさが示唆される。

　また、目標となる行動を学習させるのがなかなか難しいときには、反応形成（シェイピング）という手続きが有効である。反応形成（シェイピング）とは、目標となる行動（反応）に近づけるように、順に強化を行う手続きである。たとえば、先述したスキナー箱に入れられたラットも、レバーを押すという行動をとること自体が非常に稀であるため、たとえレバーを押せばエサが出てくる仕掛けになっていても、レバーを押さなければ条件づけは成立しない。そうした場合、レバー押しに関連するさまざまな行動を順に強化していく反応形成（シェイピング）の手続きをとればよい。たとえば、まずレバーに近づくという行動を強化し、その学習が成立したら、レバーに近づくだけではエサを与えずに、レバーに近づいて立ち上がったときにエサを与えるようにする。このように、強化の対象とする行動のレベルを順にあげていくことで、最終的に、目標としている行動（レバーを押す）を学習させることができるようになるのである。

[3]「行動の変容」を目指した教授法

　ここまで見てきたように、行動主義の立場では、学習を「行動の変容」と捉え、「刺激と反応の連合」という枠組みを用いて理論化を行っている。そのため、行動主義の立場から効果的な教授法を考えた場合には、刺激と反応の連合をいかにしてスムーズに成立させるかに焦点が当てられることとなる。

　上記のような行動主義の考え方を教育に反映したものが、スキナーの考案したプログラム学習である。オペラント条件づけでは、学習が成立するためには、行動の直後に報酬や罰が与えられることが重要となる。したがって、新たな知識や技術を習得させたいのであれば、学習者に反応させることを重視し（積極的反応の原理）、また、その反応の成否の情報ができるだけ早く与えられる（即時フィードバック）必要がある。プログラム学習では、段階的に配列された問題が順に提示され、学習者は問題に対して回答を行う。その回答が正しいか否かが、回答後にすぐに学習者に与えられる。こ

のような手続きを踏むことで問題に対する正しい反応は増加し、間違った反応は減少していくこととなる。

このプログラム学習においては、問題の配列が重要となる。先述した反応形成（シェイピング）の原理を用いて、問題は少しずつ難易度があがっていくように配列される。このプログラム学習の手続きを実装させた機械がティーチングマシンであり、近年ではコンピュータ技術の発展に伴い、学習者が先に解答を見ないように制御したり、反応のパターンに合わせて問題の配列を瞬時に組み替えることが可能になっている。

ただし、上述のような条件づけの手続きに基づいて学習を進めたとしても、手続きを繰り返した分だけ学習成果が得られるわけではない。練習量（学習の回数や時間など）を横軸にとり、学習の成果（正反応の回数など）を縦軸にとった学習曲線を描くと、常に練習量に伴い成果が上昇するわけではなく、必ず「伸び悩み」の時期が生じる。心理学ではこの現象をプラトー（高原現象）と呼ぶ。重要なことはプラトーの後にはまた達成度が上昇する時期がやってくることである。つまり、プラトーとは、次の成長への充電期間と捉えることができる。こうした知見からは、伸び悩みの時期にあっても努力することをやめず、さらなる成長に向けて試行錯誤を行うことの重要性が示唆される。

B 学習を「知識の構築」と捉える立場

前節では、学習を「行動の変容」として捉える行動主義の立場について説明した。しかし、われわれの学習には、こうした枠組みでは説明できない現象が存在する。たとえば、ケーラー（Kohler, 1924）は、チンパンジーが試行錯誤を行わずに、さまざまな道具を組み合わせることで手の届かない高さにある食べ物をとれるようになったことを報告している（図4-3）。これは洞察学習と呼ばれる現象であるが、表面的には何も学習していないように見えるチンパンジーが、急に正解へと辿り着くことができてしまうことは、成功や失敗を繰り返す中で徐々に正しい反応が強化されるという行動主義の枠組みでは説明することができない。

他にも、社会生活を営む動物は、別の個体の様子を見るだけで行動を変容させることがある。バンデューラは、このように、行動が直接強化され

図 4-3　チンパンジーの洞察学習の実験（市川、2011 より）

なくても、観察することによって学習が成立する観察学習（モデリング）の存在を主張した（c.f., Bandura, 1965）。自分自身の行動と、報酬や罰との連合によってしか学習が成立しないのであれば、それは確かに効率が悪く、お世辞にも適応的であるとはいえない。たとえば、「危険なところに行くと命を落としてしまう」ということを学習するために、いちいち自分で経験をしなければならないのであれば、命はいくつあっても足りないだろう。

これらの現象からは、われわれの学習を捉えるうえで「行動」という側面のみに着目するのではなく、「知識」や「認識」といった、学習者の内部の変化に注目する必要があることが示唆される。

そのため、心理学には学習に対する捉え方として、学習を「知識の構築過程」と捉える立場が存在する。こうした立場の中心には、人間をコンピュータのように捉え、人間内部の構造を明らかにしようとする認知主義の考え方がある。ただし、知識の構築過程と捉える立場に関しては、知識を構築していく過程のどの側面に焦点を当てるか、知識そのものをどのように捉えるかによって、さらに①既有知識を重視する立場、②情報処理過程を重視する立場、③他者との相互作用を重視する立場の3つに分けることができる。以下ではそれぞれの立場について解説を行っていく。

[1] 既有知識の役割を重視する立場

発達心理学者として有名なピアジェは、生体内部の知識枠組みのことをシェマと呼び、同化と調節という2つの過程を用いて子どもの発達を捉えた。同化（assimilation）とは新しい行動様式を既存のシェマに取り込む働き

を指し、調節（accommodation）とは既存のシェマを変化させる働きを指す。つまり、ピアジェによれば、われわれ人間は、環境と相互作用を行いながら、自身がすでに持っている知識枠組みをより豊かなものへと変容させていく存在であると考えられている。

　こうした考え方と軌を一にする学習理論が、オースベルら（Ausubel & Robinson, 1969）の提唱した有意味受容学習である。この理論では、外部から与えられた情報は、すでに自身の中に構築している知識構造に包摂されるものと考えられている。この理論においては、たとえ外部から与えられた（受容した）情報であっても、生体の内部にそのままの形で「コピー」されるのではなく、生体によって加工、編集されながら、既有知識体系の中に取り込まれるとされる。

　このように、われわれの知識構築が、「新奇な情報と既有知識との統合」の過程であると捉えられるならば、新たに与えられた情報の取り込みやすさは、学習者の既有知識の構造に大きく依存することになる。というのも、すでに自身の中に豊かな知識構造を構築している学習者ほど、新奇な情報や難解な情報を与えられても、それらをスムーズに取り込むことができるからである。

　こうした現象を実証的に示しているのが、一連の先行オーガナイザー研究である。先行オーガナイザーとは、本文の内容を短くまとめた抽象的な文章であり、オースベル（Ausubel, 1960）は、歴史の文章を題材にして、先行オーガナイザーを与えた場合と与えない場合を比較し、前者の方が本文の理解度が高いことを報告している。その他にも、大村・樋口・久慈（1980）は、本文を読む前に本文の内容を適切にまとめた文（適切オーガナイザー）を与えた場合と、少し主旨をずらして本文の内容をまとめた文（不適切オーガナイザー）を事前に与えた場合で本文の理解度にどのような違いが生じるかを比較しており、事前に与えられる情報しだいで、本文の解釈の仕方や理解度がまったく異なってくることを示している。こうした研究知見からも、われわれが、既に構築している知識構造に依拠して、新たな情報の取り込みを行っていることがわかるだろう。

[2] 情報処理過程を重視する立場

　豊かな知識構造を構築していく過程において、学習者の持つ既有知識の構造は重要であるが、新たな情報を学習者がいかに加工、編集するかという、「情報処理」の過程もまた非常に重要である。こうした学習者の「情報処理」の重要性を示す知見が、クレイクとロックハート（Craik & Lockhart, 1972）の実験である。彼らは、提示された単語刺激について、物理的な特徴（カタカナで書かれているかどうか）、音韻的な特徴（濁音が含まれているかどうか）、意味的な特徴（文の空欄に当てはまるかどうか）を判断するように求め、その後、提示された単語をどの程度覚えていたかをテストした。その結果、意味的な特徴を判断するなどの「深い処理」を行ったときの方が、単に物理的な特徴を判断するなどの「浅い処理」を行ったときよりも、単語をよく記憶できていることが明らかとなった。このことから、彼らは処理水準説を唱え、刺激に対する情報処理の深さ（浅さ）によって、情報の記憶への定着度合いが異なることを主張した。

　それ以降、心理学では、人間がさまざまな学習活動を行うときの情報処理様式である、「学習方略（learning strategy）」に関する研究が多く行われてきた。学習方略と聞くと、「勉強方法」といったイメージが強いかもしれないが、心理学における学習方略の研究では、テキストを読む、問題を解く、単語を覚えるなど、実にさまざまな学習活動を行う際の情報処理過程が対象とされている（篠ヶ谷、2012）。

　これまでの研究で扱われている学習方略は、大きく認知的方略とメタ認知的方略の2つに分けることができる（表4-1）。認知的方略とは、学習者

表4-1　学習方略の分類と具体例

学習方略の種類	具体的な方法
認知的方略	
反復方略	逐語的な反復を行う、模写する
精緻化方略	自分の言葉で言い換える、要約する
体制化方略	グループに分ける、図表にまとめる
メタ認知的方略	
モニタリング方略	理解度をチェックする、自己質問する
コントロール方略	再読する、勉強時間を調整する

がさまざまな情報をどのようにして処理しているかを指し、代表的な例としては、自身の既有知識と関連づけようとしながら情報を処理する精緻化方略を挙げることができる。たとえば、テキストを読む際に「自分の言葉で言い換えてみる」といった処理を行うことや、普段、勉強をする際に「勉強した内容を自分なりに説明してみる」といった処理を行うことは精緻化方略に相当する。その他にも、さまざまな情報の構造を整理しようとする「体制化方略」と呼ばれる方略があり、テキストを読む際の「段落間の関係を整理する」、勉強する際の「内容の構造が見えやすいように表にまとめてみる」といった処理は、体制化方略といえる。また、単純に繰り返して読むことや、繰り返し書くことで知識の定着を図るのは反復方略と呼ばれる方略であるが、これは先に挙げた精緻化方略や体制化方略に比べると、情報処理の水準は浅い方略であるといえる。

　一方、メタ認知的方略とは、先に紹介した認知的な方略を一段上のレベルから統括する処理のことを指す。メタ認知的方略の一つであるモニタリング方略とは、自身の情報処理過程をチェックすることであり、例としては、学習中に「きちんと理解できているか自分で自分に問う」「何がわかっていて何がわかっていないかをチェックする」といった処理が挙げられる。また、もう一つ代表的なメタ認知的方略としては、コントロール方略がある。これは、自身の情報処理を調節する方略であり、たとえば「文章を読む速さを調整する」「内容の難しい部分に多くの勉強時間を割り当てる」などが挙げられる。

　これまでの学習方略研究では、メタ認知的方略を多く使用している学習者、また、精緻化方略や体制化方略のように、処理水準の深い方略を多く使用している学習者の方が、反復方略のように処理水準の浅い方略を使用している学習者よりも、学習成績がよいことが報告されている（Elliot, McGregor, & Gable, 1999）。こうした知見からは、学習活動を行う際に学習者が主体的に行っている情報処理の「質」の重要性が示唆される。

[3] 他者との相互作用を重視する立場

　既有知識の構造を重視する立場や、情報処理過程を重視する立場では、知識の構築を個人の営みとして捉えている。しかし、社会生活を営むわれ

われの知識とは、「社会」や「集団」の中で捉えられるべきであり、他者と相互作用を行うことで知識が構築されていくものであると考える立場もある。

　この立場の中心的な人物といえるヴィゴツキーは、子どもの発達を捉えるうえで、他者との相互作用の役割を重視している。彼は、子どもが1人でできることのみをもってその子どもの知的水準とすることを批判し、他者からの助言や働きかけがあればできることも、子どもの知的能力の指標となりうることを主張した。たとえば、同じ問題が解けずにいる子どもでも、少し助言を受ければできる子どもと、それでもできない子どもがいた場合、前者の子どもの方を知的水準が高いと考えるのは妥当であろう。ヴィゴツキーは、子どもが1人でできることと、優れた他者の援助や働きかけがあればできることの間を最近接発達領域（the Zone of Proximal Development）と呼び、発達を、「他者からの援助によって可能となることが、1人でもできるようになるまでの過程」として捉えたのである（Vygotsky, 1932）。

　こうした視点から考えた場合、学習もまた、社会の中に存在する知識が、学習者自身の言葉で語ることのできる思考の道具へと変化していく過程であると捉えることができる。その際に重要となるのが、他者との対話や相互交渉である。授業で教師の説明を聞いただけでは、学習者は自分の「外」にある知識を一方的に取り込んだだけであり、単独で思考に使用できるほどの理解にいたっているわけではない。この時点において、学習者はまだ「わかったつもり（田島、2010）」の状態であるといえる。こうした状態を脱却するには、教師や他の学習者に問いかけ、支援を受けるなど、他者と相互作用を行うことが重要となる。他者とのやりとりを繰り返す中で、学習者は理解を深め、自身の思考の道具として知識を使用できるようになるのである。

　このように、学習を「知識の構築過程」と捉える立場の中には、その過程を個人内の営みとするのではなく、社会や集団の中で、他者との相互作用を通して行われるものとして捉える立場がある。他者に問う、もしくは他者に説明する中で理解が深まることは、少なからず誰もが経験することであろう。そのため、他者との相互作用を重視するこの立場に対して異論を唱える読者は少ないのではないだろうか。

[4]「知識構築」を目指した教授法

　学習者の既有知識の構造を重視する立場から教授法を考えた場合、その焦点は、いかにして新たな情報を学習者の既有知識に結び付けるかに当てられることとなる。そのため、授業者が取り入れることのできる工夫としては、先行オーガナイザー研究の知見を活かし、授業の冒頭に学習内容の大まかな流れを示すといったことが考えられるだろう。授業の冒頭で学習の見通しを持たせることの重要性は、現行の学習指導要領でも言及されており（文部科学省、2008）、こうした方法を積極的に取り入れれば、学習者は授業内容に関する知識枠組みを事前に得ることができるため、授業中の新奇な情報をスムーズに取り込めるようになると考えられる。

　その他にも、授業で扱われる新奇な情報を学習者の既有知識と結び付けやすくするには、授業を行う際に、具体例やアナロジー（比喩）を用いることも有効であろう。われわれは聞き慣れない専門用語を使って説明をされても、なかなか理解することができない。それは、説明されている内容が自身の知識とあまりにも離れていて、既存の知識体系にうまく取り込むことができないからである。人間は、自身の既有知識体系の中に新たな情報がうまく位置づいたときに、「理解」をした状態となる。そのため、新奇な内容について説明を行う場合にも、日常生活の例を挙げるなど、学習者の既有知識に関連づけるための工夫を凝らすことで、学習者の理解を促進することができるといえる。説明が上手な人、プレゼンの上手な人を思い浮かべてみてほしい。彼らの多くは往々にして、具体例を挙げるなど、聞き手の知っている内容に関連づけながら説明を行っているのである。

　それに対し、学習者の情報処理過程を重視した立場から教授法を考えた場合、「いかにわかりやすく教えるか」ではなく、「いかにして学習者の情報処理を適切なものとするか」に焦点が当てられることとなる。そのため、この立場からは、学習方略そのものを教えるというアプローチが提案される。「学び方を教える」、もしくは「学び方を学ぶ」といったことは、これまでの学校教育現場ではあまり積極的に行われてこなかった。こうした問題を踏まえ、近年では「自ら学び、自ら考える力」の育成が目標として掲げられ、学ぶ力としての学力（市川、2002）を育てることが求められるようになっている。勉強をするときや問題を解くときの学習者の情報処理過程

に着目し、適切な学習方略を使用できるように指導していくことは、生涯にわたって学び続けていく力を育成するうえで、今後、より一層重要なアプローチとなるであろう。

　他者との相互作用を重視した立場から教授法を考えた場合には、説明を聞く、ノートをとるといった活動のみで授業を構成するのではなく、授業の中に他者との対話や相互交渉を行う場を積極的に設定することが推奨される。たとえば、教師が一方的に解説を行うだけでなく、複数人の学習者でグループを作り、学習内容について討論を行わせることが考えられる。ただし、学習者に相互作用を行わせれば、必ず効果的な学習が成立するわけではない。単にグループを作り、互いに意見を言わせるだけでは、一部の生徒が一方的に話し、他のメンバーが同調するだけとなるなど、さまざまな問題が生じてしまうことは想像に難くないであろう。

　こうした問題意識のもと、これまでの心理学的研究においては、いかにして学習者間の相互作用を促すかに関する研究が蓄積されてきた。グループ学習を行わせる際の工夫の1つとしては、アロンソンら（Aronson, Balney, Sikes, Stephan, & Snapp, 1975）の考案したジグソー学習が挙げられる（図4-4）。

　この方法では、授業参加者は最初にいくつかのグループに分かれる。そ

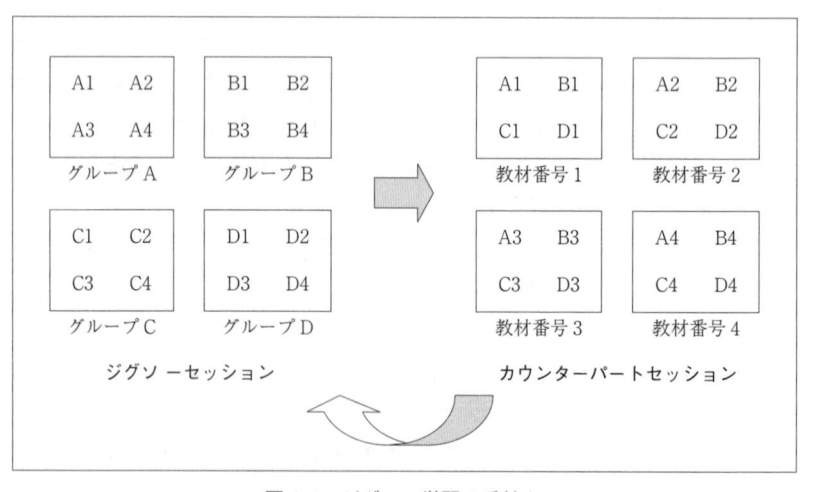

図4-4　ジグソー学習の手続き

して、全員が学ぼうとしている学習課題を下位課題へと分け、グループメンバーはそれぞれ担当する部分を決める。そこから、担当部分ごとに新たなグループを構成し、そのグループの中での相互作用を通じて、学習者は自身の担当の理解を深める（カウンターパートセッション）。そのうえで、元のグループに戻り、他のメンバーに対して自身の担当する内容を教える（ジグソーセッション）。つまり、元のグループのメンバーはそれぞれが担当する部分のエキスパートとなり、自身の担当した内容について他のメンバーに教えることが求められる。そして、全員が担当した部分を合わせることで、学習課題全体の理解が可能となるのである。

　ジグソー学習は、すべての学習者が自身の担当部分を教える責任を負うことになるため、自然にグループ内で議論させるときに比べ、説明する側と説明される側といったように、役割が固定化されてしまうことを防ぐことができる。また、他のメンバーに教えなければならないという責任から、各担当者はカウンターパートセッションにおいて、確実に内容を理解しようとして積極的に相互作用を行うようになることも期待できる。グループ形式の学習を授業に取り入れるのであれば、このジグソー学習のように、学習者同士の相互作用がより効果的なものとなるよう工夫を凝らすことが重要であるといえる。

2　学習と教育の相互作用

A　適性処遇交互作用

　ここまで、学習に関するさまざまな理論に触れながら、それぞれの立場から考えられる教授法について論じてきた。しかし、どのような教授法が効果的であるかは単純な話ではなく、学習者によって、その効果は大きく異なっている可能性がある。クロンバック（Cronbach, 1957）は、このように、学習者の性質によって教授法の効果が異なる現象を適性処遇交互作用（ATI：Aptitude Treatment Interaction）と呼んでいる。

　ここでいう学習者の「性質」に当てはまるものとしては、知能のレベル

や性格、性別など、さまざまなものが考えられる。たとえば、教師がわかりやすく解説を行う講義型の授業と、生徒同士の相互作用を中心としたグループ学習型の授業の効果を比較する場合について考えてみよう。この場合、他の人と積極的に話すことができる「外向性」の高い生徒にはグループ学習型の授業の方が効果的であり、人と話すことが苦手な生徒には講義型の授業が有効であるかもしれない。このように、教授法の効果とは、一概に「効果がある」「効果がない」と論じられるものではなく、常に学習者の性質との関係のうえに成り立つものであるというのが適性処遇交互作用の考え方である。

適性処遇交互作用を理解するうえでは、グラフの形状のイメージを伴わせておくことが肝要である。図 4-5 (a) 〜 (d) に示したグラフにおける直線と破線は、それぞれ指導法 A、指導法 B を用いた場合の、学習者の性質と成績の関係を表している。先に挙げた例でいえば、指導法 A は講義型の授業、指導法 B はグループ学習型の授業にあたる。また、グラフの横軸にある学習者特性には学習者の「外向性」の高さが対応し、軸の右側に位置する生徒ほど外向性が高く、左側に位置する学習者ほど外向性が低いことを示す。

(a) のグラフの場合、指導法 A は指導法 B に比べ、学習成績を高める効

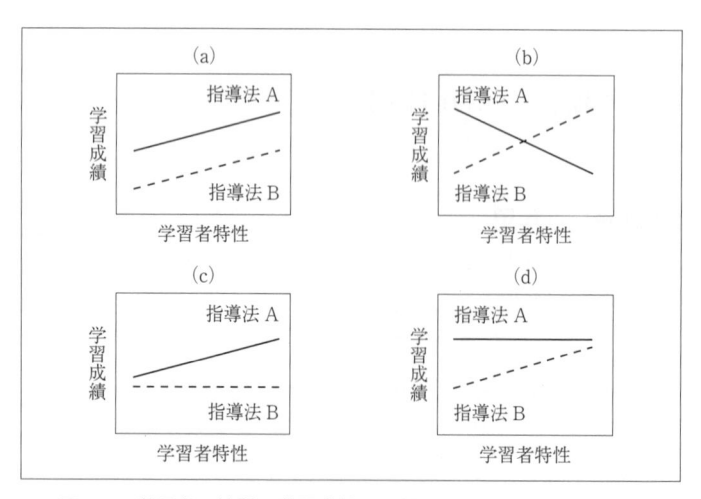

図 4-5　学習者の性質と学習成績の関係を示したグラフのパタン

果があるといえ、しかもその程度は、学習者特性の高低に関係なく一様に見られている。しかし、(b)〜(d)のグラフの場合には、指導法の違いによる効果は一様ではなく、学習者特性の高低によって異なっていることがわかるだろう。こうした現象が適性処遇交互作用である。典型的な適性処遇交互作用のパタンとしては、2本の直線が交差している(b)のグラフがイメージされやすいが、(c)や(d)のグラフも適性処遇交互作用であることに注意してほしい。適性処遇交互作用とは、あくまでも教授法の効果が学習者の性質によって異なることであり、グラフが交差することはその1つの例に過ぎない。

通常、学級には知能のレベル、性格、性別などにおいて、実に多様な学習者が混在している。そうした学習者を対象として教育を行う場合、ある指導法や教授法がすべての学習者に対して一様に効果をもたらすとは考えにくい。したがって、教育実践に関わる人は、自身の指導の効果には少なからず個人差が存在するということをしっかりと理解しておかなければならない。

B 個に応じた指導をめぐる議論

近年では、「個に応じた指導」というフレーズが学習指導要領に明記されるようになっている。これは、学習者一人ひとりの状況に合わせてきめ細やかな指導を展開し、すべての学習者に確かな学力を身につけさせることを目的としたスローガンである。

先述した適性処遇交互作用のように、教育の効果はすべての学習者に一様に見られることは稀であり、たとえ同じ授業を行っても、その教育効果には必ずといってよいほど個人差が生じる。では、教授法の効果に個人差が見られた場合、どのようにして「個に応じた指導」を実現していけばよいのであろうか。

まず考えられるのは、学習者の性質に合わせて、教授法を切り替えることである。これは、教育の最適化と呼ばれる方法である。たとえば、学習者の知能のレベルによって教授法の効果に差が生じてしまうのであれば、知能のレベルに基づいてクラスを編成し直し、クラスごとに異なる方法で授業を行えばよい。

ただし、このような方法に関して、市川 (2011) ではいくつかの問題点が指摘されている。まず、こうした方法は、実際の教育現場で常に実施できるわけではない。学習者の成績によってクラス編成を変えることは、確かに実際の教育現場でも行われているが、さまざまな教科や単元に際して、成績別のクラスを編成し直すことは、学年全体のカリキュラムに関わる作業であり、実施する学校側の負担が大きい。

また、「学ぶ力」の育成という教育目標との兼ね合いからしても、教育の最適化というアプローチは問題を抱えている。先にも述べたように、近年では、生涯にわたって学び続けていくことのできる、「学ぶ力」としての学力を育成することが目標とされている。そのため、児童生徒は、学校教育の中で、単にさまざまな教科の知識を習得していくだけでなく、自分に合った教え方で教えてくれる教師がいなくても、自分で学習を進めていく力を身につけていかなければならない。ところが、教師側が学習者の性質に合わせて教授法を変えていたのでは、学習者の「学ぶ力」が育つことは期待できなくなってしまう。

適性処遇交互作用は、教育に携わる者としてぜひ知っておいてほしい現象であると同時に、「個に応じた指導」という教育目標を実現するうえでどのようなアプローチが求められるのかを深く考える契機となる。自身の行う授業の効果に個人差が生じてしまう場合に、一人ひとりの学習者の「理解」を保障しつつ、しかも、生涯にわたって学んでいける「学ぶ力」を育成するにはどのようにすればよいのか。教員になることを考えている人にはぜひ考えてほしい問題である。

トピック　学習に対するもう一つの立場 ── 状況論的アプローチ

本章では「行動の変容」や「知識の構築過程」として学習を捉える立場を紹介したが、これらと異なる視点から学習を捉える立場もある。それが、状況論的アプローチである。

たとえば、何らかのテストを用いて学習者の知識状態を測定したとしても、そこでの学習者の回答は、テストが実施されたときの状況に依存する。このように、学習とは決して環境や状況と切り離して論じられるものではないと考えるのが状況論的アプローチの立場である。この立場において、

人間の学習とは、社会実践を行うさまざまな共同体（実践共同体）に参加する過程そのものである。レイヴとウェンガー（Lave & Wenger, 1991）は、このように学習を捉える根拠として、ある民族の仕立て屋において、最初はボタンつけなどの非常に単純な作業を行っていた新参者が、しだいに中心的な役割を果たすようになる過程を指摘している。

興味深いことに、こうした過程においては、「教わる」「学ぶ」といった作業が意図的に行われているわけではなく、それぞれの参加者は、与えられた役割を果たすうちに、しだいに変化を遂げていく。共同体への初期の関わり方は正統的周辺参加と呼ばれ、このような参加形態から共同体への関わり方が変化していく中で、学習者は多くの知識や技術を獲得していくこととなる。しかし、先にも述べたように、このような学習は参加者には意識されていない場合が多く、共同体に参加する中で「自然に」成立している。そのため、こうした学習は「状況に埋め込まれた学習（situated learning）」と呼ばれる。

このような学習の捉え方は、企業やサークルなど、社会に存在するさまざまな組織の中でわれわれが成長していく過程に適用することが可能である。「学習をどのように捉えるか」―その1つの視座として、状況論的なアプローチについても確認しておくとよいだろう。

引用文献

Aronson, E., Balney, N. T., Sikes, J., Stephan, C. & Snapp, M. (1975). Busing and racial tension: The jigsaw route to learning and liking. *Psychology Today*, 8, 43-59.

Ausubel, D. P. (1960). The use of advance organizers in the learning and retention of meaningful verbal material. *Journal of Educational Psychology*, 51, 267-272.

Ausubel, D. P. & Robinson, F. G. (1969). *School learning: An introduction to educational psychology*. Holt, R. & W.
　（オースベル, D.P. ロビンソン, F.G. 吉田彰宏・松田彌生（訳）(1984). 教室学習の心理学　黎明書房）

Bandura, A. (1965). Influence of models' reinforcement contingencies on the acquisition of imitative responses. *Journal of Personality and Social Psychology*, 1, 589-595.

Craik, F. I. M. & Lockhart, R. S. (1972). Levels of processing: A framework for memory research. *Journal of Verbal Learning and Verbal Behavior*, 11, 671-684.

Cronbach, L. J. (1957). The two disciplines of scientific psychology. *American Psychologist*, 12, 671-684.

Elliot, A. J., McGregor, H. A., & Gable, S. (1999). Achievement goals, study strategies, and exam performance : A mediational analysis. *Journal of Educational Psychology*, 91, 549-563.

市川伸一 (2002). 学力低下論争　ちくま書房

市川伸一 (2011). 現代心理学入門 3　学習と教育の心理学（増補版）岩波書店

Kohler, W. (1924). *Intelligenzprufungen an Menschenaffen.* Berlin : Springer.
　　（ケーラー，W. 宮孝一（訳）(1962). 類人猿の知恵実験　岩波書店）

Lave, J & Wenger, E. (1991). *Situated learning : Legitimate peripheral participation.* Cambridge University Press.
　　（レイヴ，J. ウェンガー，E. 佐伯胖（訳）(1993). 状況に埋め込まれた学習——正統的周辺参加　産業図書）

文部科学省 (2008). 中学校学習指導要領解説——総則編　ぎょうせい，p.72

大村彰道・樋口一辰・久慈洋子 (1980). 先行オーガナイザーの適切・不適切が文章再生に及ぼす影響　日本教育心理学会第 22 回総会発表論文集，50-51.

篠ヶ谷圭太 (2012). 学習方略研究の展開と展望——学習フェイズの関連づけの視点から　教育心理学研究 60, 92-105.

田島充士 (2010).「分かったつもり」のしくみを探る——バフチンおよびヴィゴツキー理論の観点から　ナカニシヤ出版

Vygotsky, L. (1932). Vygotsky, L. S. (1986). *Thought and Language.* Cambridge, MA : MIT Press (original work published 1934).
　　（ヴィゴツキー，L. 柴田義松（訳）(1962). 思考と言語（上）（下）明治図書出版）

Watson, J. B. & Rayner, R. (1920). Conditional emotional reactions. *Journal of Experimental Psychology*, 39, 1-14.

理解を深めるための参考文献

- 杉江修二 (2011). 協同学習入門——基本の理解と 51 の工夫　ナカニシヤ出版
- 辰野千壽 (1997). 学習方略の心理学——賢い学習者の育て方　図書文化社

知識を確認しよう

択一問題

(1) 動物や人間の学習に関する①〜④の記述に関連する人物として、最も適切なものをア〜ケの中から選びなさい。

① チンパンジーが高いところにあるバナナをとるために、突然道具を使うという行動を起こしたことから、洞察学習を主張した。
② 自発的な行動に、報酬が随伴することで、行動の頻度が上昇することを主張した。
③ 自身の行動が直接強化されなくとも、観察することを通して学習が成立する観察学習を提唱した。
④ 既有知識を用いて新たな知識を取り込む有意味受容学習を提唱し、理解を促進するための方法として先行オーガナイザーを主張した。

　ア　バンデューラ　　イ　スキナー　　ウ　アロンソン
　エ　ピアジェ　　　　オ　ヴィゴツキー　カ　オースベル
　キ　トールマン　　　ク　パブロフ　　ケ　ケーラー

(2) 次の記述のうち、正しいものの組み合わせとして最も適切なものをア〜カの中から選びなさい。

① ジグソー学習法では、1つの課題についてグループのメンバーが互いの意見を持ち寄り、議論を行う。
② 古典的条件づけの中心的な手続きは、無条件刺激と中性刺激を対提示することである。
③ 適性処遇交互作用とは、学習者が自分の性質に合った教授法を選択できるという教育システムのことを指す。
④ 学習を行う際、複雑な情報を図表にまとめる、似た内容の情報をまとめるなど、情報同士の構造を整理する方略は体制化方略と呼ばれる。

　ア　①②　　イ　②③　　ウ　①③
　エ　②④　　オ　③④　　カ　①④

(3) 次の説明文が指している言葉として最も適切なものをア～ケの中から選びなさい。
① 子どもが1人でできることと他者からの援助を受けてできることの間
② 自らの認知構造（シェマ）を外界に適用し、外的な事物をシェマの中に取り込む作用
③ 獲得しようとしている行動が複雑な場合に、より簡単な行動から順に条件づけを行っていくこと
④ ある刺激を用いて条件づけを行った結果、別の類似した刺激に対しても同じ反応を見せるようになること

　ア　強化　　イ　反応形成　　ウ　同化
　エ　調節　　オ　消去　　　　カ　般化
　キ　弁別　　ク　最近接発達領域　　ケ　精緻化

【論述問題】

(1) 授業中に暴言を吐く、教室を動き回るなどの問題行動をやめさせたいときに、どのような対処方法が考えられるか。オペラント条件づけの原理を踏まえながら述べなさい。
(2) 生徒同士が互いの意見を述べ合いながら、円滑に議論を進めていくためには、どのような工夫が考えられるか述べなさい。
(3) 同じ教え方をしても生徒の間でその効果に個人差が出てしまう場合、どのような対応策が考えられるか。心理学の知見に触れながら述べなさい。

第5章 測定と評価

> **キーワード**
>
> 構成概念
> 一般知能
> 流動性知能と結晶性知能
> 診断的評価
> 総括的評価
> 個人差
> 2因子説
> フリン効果
> 形成的評価
> ピグマリオン効果

本章のポイント

　心理学が測定の対象とするのは、それ自体に直接メジャーを当てて測定できるようなものではなく、理論上考えられた「構成概念」である。この章ではまず、代表的な構成概念である「知能」について解説する。これまで多くの知能を説明する理論が提案されてきた。なかでも20世紀の初頭に提案された「一般知能」の考え方は、現在の理論の中にも組み込まれ、知能理解のために重要な概念である。ここでは知能の理論とともに、知能における遺伝と環境、知能検査など、知能に関連した諸問題を紹介する。

　本章では次いで「評価」について解説する。測定の結果は、特定の形式で学習者に評価としてフィードバックされる。ここでは評価の方式、機能について解説し、評価者の心理が評価に与える影響についても紹介する。

1　心理学における測定

　測定とは、何らかの事象を数量で表すことである。踵から頭のてっぺんまでをメジャーで測る身長測定のように、物差しや秤で計量することが、一般的な測定のイメージであろう。ただし、心理学において「測定」するとき、対象が直接的に計量できることはめったにない。

　小学校の教室で、ある子は教員の質問に正しく答え、ある子は答えられない。ある子は算数の計算が素早く正確にできるが、ある子はゆっくりと何度計算しても間違えてしまう。このような個人の行動の違いはなぜ生まれるのか。個人の行動の違いは、どのように説明できるのか。これらを調べることが心理学の課題の1つである。ではどうやって調べるのか。まず子どもの行動の違いを、ひとまとめにして1つの名前で呼ぶ必要があるだろう。この場合は「学力」や「知能」である。心理学が測定の対象とするのは、学力や知能のような構成概念（construct）である。構成概念とは観察できる事象から、理論上考えられた概念である。構成概念は、身長測定とは違い、それ自体に直接メジャーを当てて測定できるわけではない。観察できる事象から、構成概念の理論上の姿を明らかにしてゆく必要がある。観察できる事象は、たとえば算数の問題の正答数や、問題を解く速さである。これ以外にも、知能という構成概念に関わる観測可能な事象は多くあるだろう。観察可能な事象を観測変数と呼ぶ。構成概念に関わる観測変数を、何らかの方法によって数値やカテゴリーなどを割り当ててデータ化する手続きが、心理学における「測定」である。

　この章ではまず、知能について解説する。知能研究は、問題の焦点の当て方とデータの解析方法という2点に大きな特徴を持つ。1つは知能を探求するにあたり、個人差を重視したこと、もう1つはデータの解析法として計量心理学的手法が使われたことである。

A　個人差の心理学と計量心理学

　心理学研究には、おおまかな2つの研究の方向性がある。1つは、人間の行動や能力はどのような法則によって説明できるのかに関心を持ち、特

定の行動や能力の一般法則を明らかにしようとする立場である。この立場では、個人の行動や能力の違い、すなわち個人差は捨象されることが多い。もう1つは、個人の行動や能力の違いはなぜ生まれるのかに関心を持ち、個人差をどのように説明するかを探求する立場がある。心理学の創世期に始まった知能研究は、後者を重視する立場である。

[1] 知能の個人差研究の始まり

個人差研究の先駆者はゴールトン（Galton, F.）である。ゴールトンの研究は、従兄であるダーウィン（Darwin, C.）の進化論に影響を受けて始められた。進化論においては、種は祖先種から長い過程を経て変化してきたことや、種の進化をもたらす適者生存の鍵となるのは変異であることなどが提唱されている。前者は遺伝、後者は個体差の重要性を示す。この考えに影響を受けて、ゴールトンは個人の特性や能力の違いは遺伝によると考えた。さらにこの違いを検査によって測定し、個人差を明らかにしようと試みた。ゴールトンは人類の遺伝的素質の改良、悪質の遺伝の淘汰を目標とした優生学（eugenics）の創始者としても知られるが、優生学に関しては人権の問題など多くの点で批判を受けた。

個人差を研究するにあたって、ゴールトンは、知的な能力を含めた人間の一般的能力を精神能力（mental ability）と呼んだ。精神能力は、後の時代の一般知能の原型ともいえる。個人の能力の違いは、精神能力の高さ、低さという一次元的な尺度で表すことができるというアイデアである。ゴールトンは視力、握力、音に対する反応時間など感覚の鋭敏さを測定するテストで精神能力を測定できると考えた。現在ではゴールトンのテストでは、知能の個人差を測定することはきわめて困難と考えられている。

ただしゴールトンは、このような測定を大勢の人々に実施し、収集したデータを分析し、結果を表示するために統計的手法を用い、人間の能力の個人差を論じた。研究においては測定のための簡略な器具を考案し、結果の分析においては現在の相関係数の原型となる手法を考案した。構成概念を測定の対象とし、測定したデータを相関や因子分析などの統計的手法によって解析する分野を計量心理学（psychometrics）と呼ぶ。精神能力という構成概念を測定の対象とし、データの相関関係を考えたことなど、ゴール

トンは知能の個人差研究ともに、計量心理学の先覚と位置づけられる。

[2] 計量心理学の手法：相関と因子分析

　知能を研究するに当たり、大勢の人にテストを行い、多くの観測変数の測定値を統計的に解析して集約する必要がある。この必要性から、数多くの統計的手法が生み出された。計量心理学のみならず、心理学全般で頻繁に利用される統計手法に相関（correlation）と因子分析（factor analysis）がある。ゴールトンに始まり、スピアマンに引き継がれた知能の研究においても、当初から相関と因子分析の手法が用いられた。ここでは、後述する知能研究の理解のために、相関と因子分析の大まかな考え方を、研究例を交えて紹介する。

　「親の身長が高いほど、子どもの身長も高い」のように、一方の変数が変化すれば、他方の変数も変化する関係にあるとき、2変数には相関があるという。相関係数は、2つの変数間の関連の程度を示す統計指標であり、−1から+1の間の値をとる。図5-1に示すように、一方の変数が増加するにつれて、他方の変数が直線的に増加する場合を正の相関関係という。この場合、2変数間の関連が強いほど相関係数は+1に近づく。一方の変数が増加するにつれて、他方の変数が直線的に減少する場合を負の相関関係という。負の相関関係においても同様に、2変数間の関連が強いほど相関係数は−1に近づく。2変数間に直線的な関係が認められない場合は無相関であり、相関係数は0に近づく。

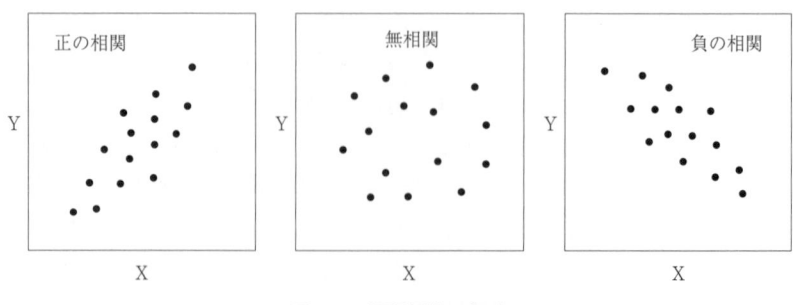

図5-1　相関係数の概略

表5-1と表5-2には、ミューレン（Mullen, 1940）が行った身体発達の因子分析的研究の一部を示す。7歳から17歳までの少女の身体計測を行い、計測部位間の相関係数を示したのが表5-1である。身長という変数は、腕の長さやヒザの高さと相関が高い。体重という変数は、腕の長さよりも、胸囲や胸幅の変数と相関が高い。相関係数の高い変数同士は、何らかの共通性があるはずである。因子分析とは、相関係数の高い変数同士を、因子という潜在変数として見つけ出す統計手法である。表5-1にはわかりやすさのために8変数の相関係数を示したが、通常、知能検査や質問紙を実施した場合、はるかに多くの変数の処理を必要とする。多くの変数の測定値を見ただけではわからない、変数同士のまとまりを因子分析によって抽出するのである。

ミューレンのデータから因子分析を行った結果を表5-2に示す。表5-2には因子負荷量という因子と変数との関係を示す係数を示す。この係数が

表5-1 ミューレンの研究における身体部位間の相関係数

		1	2	3	4	5	6	7	8
1	身長	1.000							
2	腕長	0.846	1.000						
3	前腕	0.805	0.881	1.000					
4	ヒザ高	0.859	0.826	0.801	1.000				
5	体重	0.473	0.376	0.380	0.436	1.000			
6	くる節囲	0.398	0.326	0.319	0.329	0.762	1.000		
7	胸囲	0.301	0.277	0.237	0.327	0.730	0.583	1.000	
8	胸幅	0.382	0.415	0.345	0.365	0.629	0.577	0.539	1.000

表5-2 ミューレンの研究での因子分析の結果

		第一因子	第二因子	第三因子	共通性
1	身長	0.691	0.614		0.854
2	腕長	0.591	0.740		0.897
3	前腕	0.581	0.704		0.833
4	ヒザ高	0.598	0.652		0.783
5	体重	0.694		0.623	0.870
6	くる節囲	0.611		0.560	0.687
7	胸囲	0.562		0.453	0.521
8	胸幅	0.596		0.473	0.579

大きいと、因子と関わりの強い変数であることを意味する。第1の因子は、身体の大きさ因子と呼べるだろう。因子負荷量は8変数すべてで高い傾向にあり、8変数すべてに関わる因子であることから、身体の成長に関する一般因子と考えることもできる。第2の因子は伸長因子と命名できる。因子負荷量の高い変数は、それぞれ身体部位の長さに関わる。第3の因子はずんぐりさ因子である。因子負荷量の高い因子は、重さ、体の幅や厚みに関わる変数である。このように因子分析の結果まとまった変数を見て、研究者はそれぞれの仮説、理論を考慮して、因子に名前をつける。因子分析にはさまざまな手法がある。詳しい解説は他書（大山正他共著『心理学研究法』など）を参照されたい。

2 知能

A 知能の理論と測定方法

知能（intelligence）には、抽象的推論能力、問題解決能力、知識獲得能力が含まれる点で多くの研究者の意見は一致する（Nisbett, 2009）。このような能力はどのように理論に組み込まれてきたか、代表的な理論を紹介する。

[1] 知能の理論
(1) 2因子説

スピアマン（Spearman, C. E.）は、さまざまな課題の成績に共通する能力を一般知能、個別の課題の解決に必要な能力を特殊知能とし、知能の2因子説を提案した。スピアマンがデータから2因子説を導くために使用した統計技法は因子分析であるが、ここではスピアマンの研究で示された課題間の相関を見ながら2因子説を理解しよう。

スピアマン（1904）は、9歳から13歳の子どもに英語、フランス語など6科目の課題を行ってもらい、それらの成績間の関係を調べた。表5-3に課題間の相関係数を示す。表から明らかなように、課題の成績間に、全般的に高い正の相関関係が認められる。古典とフランス語の相関係数は0.83

表 5-3 スピアマンの研究での 6 科目の相関係数
(Spearman, 1904 を一部改変して作成)

	古典	フランス語	英語	数学	音の弁別	音楽的才能
古典	1.00					
フランス語	0.83	1.00				
英語	0.78	0.67	1.00			
数学	0.70	0.67	0.64	1.00		
音の弁別	0.66	0.65	0.54	0.45	1.00	
音楽的才能	0.83	0.57	0.51	0.51	0.40	1.00

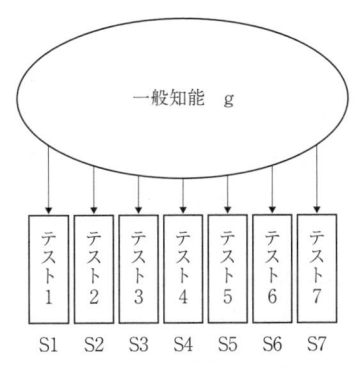

図 5-2 一般知能と特殊知能

である。これは古典の成績が良い人はフランス語の成績も良く、古典の成績が悪い人はフランス語の成績も悪い傾向があることを意味している。課題の成績間に認められる全般的に高い正の相関から、スピアマンは、すべての課題に正しく答えるために共通して必要とされる能力があると考え、それを一般知能と呼んだ。

ただし、いずれの科目間の相関も完全（1.0）ではない。たとえばフランス語と数学の相関は、古典とフランス語の相関よりも低い。フランス語と数学の場合、フランス語も数学も成績が良い人もいれば、フランス語は得意だが数学は苦手（その逆も同様）の人もいることを示している。このような相関の傾向から、個別の課題によって必要な能力があると考え、スピアマンは特殊知能と呼んだ。

スピアマンはこれらの相関係数に基づいて因子分析を行い、抽出した因

子として一般知能をg因子と名付け、特殊知能をs因子とした。2因子説の考え方を図5-2に示す。20世紀初頭に発表された、あらゆる課題の成績に共通する能力という「一般知能」の考え方は、さまざまな理論が提案された現在においても、知能理解に欠かせない概念である。

(2) 多因子説

サーストン（Thurstone, L. L.）は、知能は比較的少数の独立した能力によって形成されると考え、多因子説を提案した。スピアマンの一般知能は、知能を高いから低いまで一次元的な能力として捉え、いわば1本のものさしで知能を測定する考え方といえる。一方サーストンは、知能を一次元的な能力としてではなく、多次元的能力として捉え、複数のものさしで知能を測定する考え方ともいえる。サーストンは約60の知的能力テストを240人の大学生に実施し、因子分析によってデータを解析した結果、言語理解、語の流暢性、数、空間、記憶、知覚速度、推理の7因子を見出した。サーストンはこの7因子を基本的精神能力（primary mental abilities）と呼んだ。7つの能力は次のようなものである。

- **言語理解** 語の正しい意味の把握や、文章理解に関わる能力。
- **語の流暢性** 適切と思われる語をできるだけ速く挙げるなど、言語を素早く柔軟に使用することに関わる能力。
- **数** 四則演算など、数の計算に関わる能力。
- **空間** 向きの異なるパターンが同じものであるかを判断するなど、図形や立体を知覚する能力。
- **記憶** 単語や数字などを機械的に記憶する能力。
- **知覚速度** 特定の図を似たような図の中から素早く探し出すなどの、知覚の速さの能力。
- **推理** いくつかの事例から法則を考えるなど、論理的な思考能力。

サーストンが複数の因子を抽出できた理由の1つは、因子分析を斜交回転の手法で行ったことによる。因子間に相関があることを仮定した分析法を斜交回転、因子間が無相関であることを仮定した分析法は直交回転という。斜交回転法であれば、複数の因子を一度に抽出しやすいことから、7因子が抽出されたのである。また東（1992）は、相関のレンジ効果（range effect）を指摘している。検査対象者の能力のばらつきが広い場合相関は高

くなり、狭い場合には相関は低くなることをレンジ効果と呼ぶ。サーストンの検査対象者たちは、シカゴ大学の大学生であり、能力が似かよっていたために、多因子の抽出が可能になったと指摘される。

(3) 流動性知能と結晶性知能

スピアマンに先立ち因子分析の手法によらずに、一般知能を創案したのがビネー（後述）である。ビネーは、注意、想像、推理などのさまざまな能力を要素的に捉えるのではなく、それらの能力の統一体が知能であると考えていた。一般知能の考え方は、知能研究の始まりから多くの研究者に支持されてきた。

キャッテル（Cattell, R. B.）は、一般知能の考え方を支持しながらも、知能を説明するためには一般知能だけでは十分ではないと考え、一般知能を2つに分類した。流動性知能（fluid intelligence）と結晶性知能（crystallized intelligence）である[1]。流動性知能は、推理や情報を使う能力、新しい問題を解決したり知識を獲得したりする能力である。結晶性知能は、経験によって身につけた技能や知識であり、特定の場面で知識を適用する能力である。流動性知能が推論の能力であるなら、結晶性知能は知識である。子安（1999）によれば、流動性知能は①文化や教育の影響を比較的受けにくく、②個人の能力のピークが10代の後半から20代の前半のように比較的早期に現れ、③老化に伴う能力の衰退が顕著である。結晶性知能は①文化や教育の影響を大きく受け、②能力のピークに達する時期が遅く、③老化による衰退が穏やかであるという特徴を持つ。

年齢による流動性知能と結晶性知能の推移の概略を示すと図5-3のようになる。流動性知能は、高齢者よりも若い人の知的能力にとって重要となろう。ニスベット（Nisbett, 2009）によれば、幼い子どもの場合、読解力や算数力は、結晶性知能よりも流動性知能に対して、高い相関を示す。成人では逆に、読解力や算数力は、流動性知能よりも結晶性知能に対して、高い相関を示す。

[2] 知能の測定

(1) ビネー式知能検査

フランスの心理学者ビネー（Binet, A.）は、今日のビネー式知能検査の創

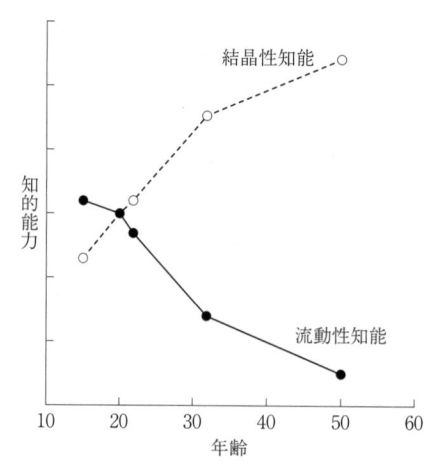

図 5-3　流動性知能と結晶性知能の年代推移（Horn, 1985 を一部改変して作図）

始者である。19世紀後半の教育の場において、知的能力を欠く学業不振児と普通児とを客観的に識別する指標がなかったことから、ビネーは知能検査を開発した。ビネーの検査では、年齢にそってやさしいから順から問題を並べ、子どもが問題をいくつ正しく答えられたかを測定する。1911年版のビネー式検査（藤崎, 1998 より）では、5歳級には「2個の重りの比較」「正方形の模写」「はめ絵遊び」などの検査項目、6歳級では「午前と午後の区別」「ひし形の模写」「美的見地からの比較」などの項目が含まれる。これらの問題は、その年齢の子どもの大半が解答できるという基準で作成されている。子どもが何歳級の問題まで正答できるかを調べれば、その子が何歳相当の知能水準に達しているかが判定できるというしくみである。子どもが正しく答えることのできた年齢を、精神年齢（mental age, MA）と呼ぶ。たとえば5歳の子どもが6歳級の問題まで正解できれば、その子は精神年齢が6歳と判定される。

　ビネーが医師のシモン（Simon, T.）の協力によって作成、発表した「ビネー・シモン式知能検査」（1905年）は、アメリカの心理学者ターマン（Terman, L. M.）によってスタンフォード・ビネー式知能検査として改訂された。スタンフォード大学版として改訂されたビネー式検査は、詳しい検査の実施法や採点法が示されるなど、後の知能検査のモデルとなったばかりでな

く、ドイツの心理学者シュテルン (Stern, W.) によって考案された知能指数を導入したことでも知られる。知能指数 (intelligent quotient) は、

$$IQ = \frac{MA}{CA} \times 100$$

で表される。CAは生活年齢 (chronological age) であり、検査を受ける対象者の実際の年齢である。5歳の子が6歳級の問題まで正答できた例でいえば、IQ = (6/5) × 100 となり、IQ は 120 となる。日本においても、スタンフォード大学版などをもとにして、田中寛一によって作成されたビネー式検査は田中・ビネーとして知られ、発達診断など多くの分野で活用されている。

ビネー式検査は、幼稚園生から中学生くらいまでの一般知能の測定に適している。ビネー式検査は、知能とはさまざまな能力の統一体というビネーの知能観に基づき、IQという単一の指標で結果を表示する。そのためにどのような知的能力が高いのか、低いのかなどの、知能の多面的な測定には不向きである。このような批判を受け、田中・ビネー式検査では多面的な知能検査項目を導入したり、IQだけでなく偏差知能指数（後述）を導入したりすることで、改訂を続けている。

(2) ウェクスラー式知能検査

ウェクスラー (Wechsler, D.) が、知能は単一の能力ではなく、複合的な能力の合成と考えて開発した知能検査をウェクスラー式知能検査と呼ぶ。ウェクスラー式検査の特徴は、言語性尺度と動作性尺度という2種類の検査を導入している点と、知能指数を偏差知能指数で表示する点である。動作性尺度は図5-4に示すような、切り離された部分を意味のある絵にする課題のように、何らかの動作、操作を含めた推論能力を調べる。動作性尺度の課題は文化的影響を受けにくい能力を測定でき、また言語に障害を持つ人にも適用できる利点を持つ。ウェクスラー式知能検査は（版が異なる場合はこの限りではない）、言語性尺度として一般的知識、一般的理解、算数、類似、単語、数唱の下位検査が含まれる。動作性尺度に絵画完成、絵画配列、積み木模様、組合せ、迷路、符号の下位検査が含まれる。

ウェクスラー式知能検査のもう1つの特徴は、知能指数をビネー式のIQとは異なり、偏差知能指数で表示することにある。偏差知能指数は後

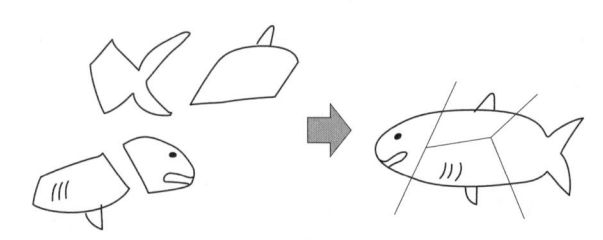

図5-4　ウェクスラー式知能検査の動作性検査の例

に説明するように、個人の得点が集団のどこに位置するかを示す指標である。ウェクスラー式検査では、言語性偏差知能指数、動作性偏差知能指数、全偏差知能指数という指標によって個人の知能の特徴を把握する。

ウェクスラー式知能検査は、対象年齢によってWAIS（16歳以上、成人用）、WISC（児童用）、WPPSI（就学前児童用）があり、それぞれの末尾に改訂番号が付せられる。近年のウェクスラー式知能検査では言語性尺度、動作性尺度の分類が解消されているものもあるが、ビネー式と同様に世界で最もよく利用される知能検査の1つである。

(3) 知能の表示法

IQはわかりやすい知能の指標である。知能が年齢相応に発達していればIQは100になり、年齢以上に発達していれば100以上になる。ただしIQをMAとCAの比率で表す方法には、いつくかの問題がある。たとえば5歳の子が7歳級まで正答できたときのIQは140であるが、7歳の子が9歳級まで正答できたらIQは約130となる。2つの例はどちらも年齢が2歳上の問題を正解できたにもかかわらず、示されるIQは異なるのである。

このような問題に対処する知能の表示法として、偏差知能指数（deviation IQ、偏差IQ）がある。偏差IQによれば、個人の得点は同一の年齢集団での知能得点の分布に照らして位置づけられる。図5-5に示すように、大勢の同年齢の人たちに検査を受けてもらった場合の得点の分布は左右対称の形になることが予想される（正規分布という）。分布の平均を100とすれば、検査を受けた半数の人が100以上、もう半数の人は100以下の得点になる。平均と比較して、個人の得点がどこに位置するかを示すのが、偏差IQで

ある。この分布は、平均より上下の1個分の標準偏差の内に約68%の人が位置し、対応する偏差IQは115から85の間の得点となる[2]。偏差IQは、

偏差IQ＝((個人の得点－基準集団の平均)÷標準偏差)×15＋100

で計算できる。式中で、基準集団とあるのはテストを標準化[3]したときの集団である。個人の得点を平均から引くことは、個人の得点の平均からのズレを計算し、これを標準偏差で割るのは標準偏差を1単位とした平均からのズレを計算している。この値に15を掛け、100を足すのは、平均100、標準偏差15の分布になるように換算しているためである。

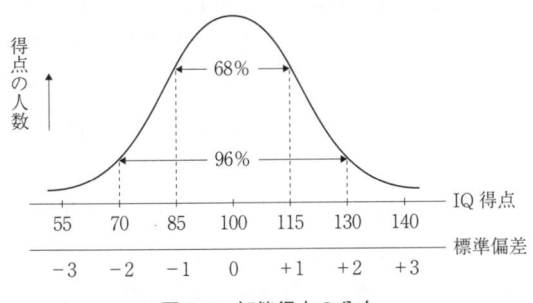

図5-5 知能得点の分布

[3] 知能における遺伝要因と環境要因

知能を規定するのは遺伝だろうか、環境だろうか（第1章を参照のこと）。親と子は趣味や好物などいろいろの点で似ているが、知的能力においても良く似ていると感じた経験は誰しもあるだろう。この類似性は、親から子への「遺伝」の重要性を予想させる。ただし、親子の知的能力が似るのは遺伝だけが原因とは限らない。親子で一緒の経験をする、親がどのような養育態度で子に接したかなど、「環境」の要因も重要な影響を及ぼしている。

(1) 遺伝要因

人間の知能に及ぼす遺伝と環境の影響について調べるために、双生児法は有効な方法である。双子には遺伝情報が同一である一卵性双生児と、遺伝情報が異なる二卵生双生児がいる。もし知能に遺伝が大きく影響するならば、一卵性双生児どうしの知能得点には、きわめて高い相関が認められ

るはずである。一卵性双生児どうしに何らかの違いが認められれば、遺伝要因だけではなく、環境の要因を考慮する必要がある。二卵生双生児は、同時に生まれてくる兄弟姉妹であり、互いに異なる遺伝情報を持つ。異なる日に生まれた兄弟姉妹と二卵生双生児とは、遺伝情報の違いに関しては同じ関係にある。このような家族の遺伝情報の類似性に従って知能の比較を行えば、遺伝と環境の重要性を調べることができる。

図 5-6 には、このような考え方のもとに遺伝的な類似性と知能の関係を調べた研究の一部を示す（Bouchard & McGue, 1981）。この研究では、過去に行われたさまざまな家族関係の研究の中から、知能が測定された研究を選び、遺伝的な類似性で家族を分類し、知能得点の相関係数をもとに比較した。図 5-6 に示したのは血縁の家族どうしの相関係数の平均値である。図中、「一緒に育った」というのは同じ両親のもとで育ったことを意味し、「離れて育った」は養子などによって別々の両親のもとで育ったことを意味する。図から明らかなように、最も相関が高いのは、同じ両親のもとで育った一卵性双生児、次いで異なる両親のもとで育った一卵性双生児である。同じ環境で育った二卵生双生児や兄弟姉妹よりも、一卵性双生児の相関が高いことは、知能における遺伝の重要性を強く示唆する。一卵性双生児の知能指数が、他の遺伝的に類似する家族どうしよりも一層類似するという結果は多くの研究で報告され、遺伝の重要性を示している。

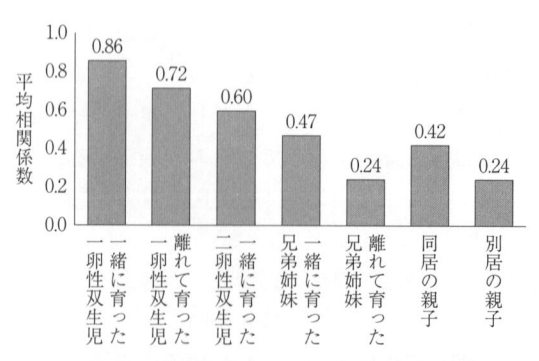

図 5-6 家族の遺伝的類似性による知能指数の相関関係
（Bouchard & McGue, 1981 より作図）

(2) 環境要因

図5-6は、遺伝要因ばかりでなく、知能に及ぼす環境要因の影響も示している。二卵生双生児と兄弟姉妹の相関係数を比較すると、一緒に育った兄弟姉妹よりも、一緒に育った二卵生双生児の方が、平均相関係数は高い傾向にある。同じ時期に生まれた双子は、異なる時期に生まれた兄弟姉妹よりも、同じ学校、同じクラス、同じ友人など、多くの経験を共有すると考えれば、環境も知能には重要な影響を及ぼしている。同様の関係は、図中の同居の親子と別居の親子の相関係数にも読み取れるだろう。

もう1つ、知能に及ぼす環境の影響としとしてフリン効果を挙げることができる。心理学者のフリン（Flynn, 1984, 1987）は、1932年から1978年までのスタンフォード・ビネーとウェクスラー式検査を使用した研究結果を分析した。その結果の一部を図5-7に示す。図5-7から明らかなように、年代ごとにほぼ一定の割合で知能指数が上昇していることがわかる。フリンの研究によれば、平均して10年ごとに6点知能指数が上昇する。フリン効果は、アメリカやヨーロッパのみならず日本、中国などのアジアにおいても認められている。数十年間で遺伝要因が劇的に変化するとは考えづらいために、遺伝による説明は困難である。またフリン効果は、検査を複数回行うなど検査に対する慣れに起因するとは考え難い。なぜならば検査は定期的に再標準化が行われているからである。偏差IQでみたように、多くの知能検査の平均は100である。これは平均が100になるように検査を作成していることによる。もし平均が100でない場合には、問題を難し

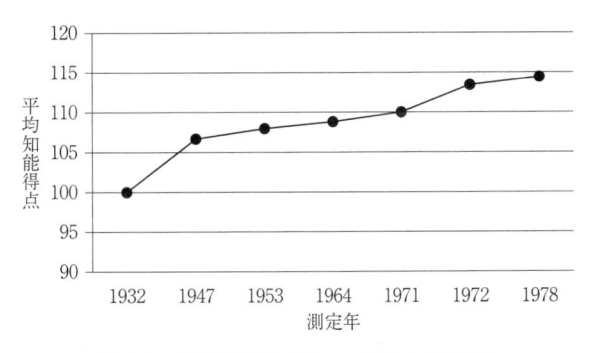

図5-7 フリン効果（Flynn, 1984より作図）

くする、採点基準を変えるなどの調整が必要となる。このような調整を再標準化という。

では、どのような環境要因で説明できるのだろうか。学校教育は有力な仮説の1つである。以前に比べれば、多くの人が学校教育を受けられるようになったし、学校教育自体が良くなった。これは知能検査で測定される知能指数の上昇を説明する有力な要因である。なぜなら、初等教育、中等教育であれば、学校での学力テストと知能検査での項目は良く似ているからである。また、多くの国で栄養や健康状態が改善したことや、テレビやゲームなど知覚的思考に関与するテクノロジーの進歩も有力な仮説である。

3 評価

評価と測定は分かち難い関係にある。特に知能検査や学力テストを測定だけして評価がなかった場合、被検査者、学習者は困惑するだろう。自分の成績のどのような点を反省するべきか、将来の計画をどのように立てるべきかなどを考えるにあたって、情報のフィードバックが必要である。

評価は、特定の基準に照らして測定の結果を判定することであるから、内容には必然的に優劣や高低などの序列づけ、価値づけが含まれる。一般に教育における評価というと学力評価をイメージしがちであろう。ただし教育評価は学力だけではなく、教育者がパーソナリティー、態度、動機づけなど多角的視点から学習者個人の現状を把握して行われるものである。教育者は、学力評価の結果を学習者に単に伝えるだけではなく、多角的な情報に基づいて進路指導や学校選択の助言などを行っている。教育における評価は、序列づけだけではなく、学習者に対する多様な情報のフィードバックの機能を持つ。

ここでは代表的な評価である学習評価を中心に解説する。

A 学習評価の方式

[1] 絶対評価

絶対評価は、教育者の教育目標、期待される到達度など、何らかの基準に照らし合わせ、個人の成績がどの程度に到達したかによって表示される。たとえば子どもが泳げるといってもさまざまな水準があるだろう。ある子は息継ぎしないで泳げるかもしれないし、ある子は補助板を使えば泳げるかもしれない。泳げる距離が短い子もいれば長く泳げる子もいるだろう。教育者が評価の方法として最低水準を1、最高水準を5とする5段階評価と決めたとする。評価者が息継ぎをして25メートル泳げたことを5と決めたら、それができた子に5の評価が与えられる。クラス全員ができたとしたら、絶対評価においてはクラス全員に5の評価が与えられる。

絶対評価には上記のように段階に分けて評価する方法以外にも、目標に到達したかどうかを合否判定する評価方法や、学力テストの得点をそのまま表示する評価方法などがある。絶対評価の利点として北尾（2004）は、教育目標に到達できたかどうかが判明するためにカリキュラムや指導法の適切さを知ることができ、今後の教育的処遇にも有益な情報が得られることを挙げている。また絶対評価は、クラスなどの他のメンバーとの比較によって評価を受けるのではなく、目標に対する到達度によって評価を受けるので、目標に動機づけられるという長所もある。

[2] 相対評価

相対評価は、個人の成績を、集団の中での相対的な位置づけによって表示する。相対評価には、偏差値による表示法と段階表示による方法がある。偏差知能指数は、偏差値による集団内での個人の得点の位置づけであるので、相対評価といえる。段階評価は、先の絶対評価においても紹介したように5段階評価がとられることが多い。相対評価は、たとえばクラス全員に学力テストをした得点が正規分布することを仮定して、上位から7%、24%、38%、24%、7%の割合で、5、4、3、2、1の評価を割り当てる方法である。

相対評価の長所の1つとして、異なる科目間での成績の比較ができることが挙げられる。たとえば学力テストの結果、英語も数学も50点だった

とする。ただしこの人の英語と数学の能力が同じとは、単純にはいえない。少なくともそれぞれの問題の難易度、科目を受験した集団の得点分布を考量する必要がある。このようなとき、偏差値が有効である。偏差値は平均50、標準偏差10とし、偏差知能指数と同じ方式で計算する。仮に英語の偏差値が60、数学の偏差値が41と計算できれば、これらの数値は直接的に比較することが可能になる。

偏差値を使用した相対評価は、大勢の人たちにテストを実施した場合に特に有効である。この場合、集団の得点の分布は正規分布に近似する、もしくは変換することが可能である。ただし、学校、特にクラスごとの比較的少人数でのテスト結果に、正規分布を仮定することは困難であり、正規分布を仮定したうえでの5段階評価には、大きな歪みが生じる原因にもなる。

[3] 個人内評価

個人内評価とは、成績判定の基準を個人の中に求める評価である。勉強ができる子でもできない子でも、1人の子どもの中には得意な科目や分野があれば、苦手もあるだろう。個人内評価では、個人の持つ能力の相対的な水準を比較して、評価が行われる。たとえば国語の評価では「読む」「書く」「話す」の評価項目を設け、それぞれの項目ごとに個人の能力を判定するのが個人内評価である。

また、その子どもの学習が先週や、先月に比べてどのような変化が認められたかを評価する個人内評価もある。つまり評価のための比較の基準が、集団や到達度にあるのではなく、その子どもの過去の成績にある。この評価は努力度評価、進歩の評価とも呼ばれる。このような評価は特に障害のある子どもの教育において有効である。

B 学習評価の機能による分類

学習評価は方式とともに、学習者の動機づけを学習成果となって表すためにも、評価の目的と時期が重要となる。アメリカの教育心理学者であるブルーム（Bloom, B. S.）は、学習評価を目的や実施する時期などによって、診断的評価、形成的評価、総括的評価の3つに分類した。図5-8に示した

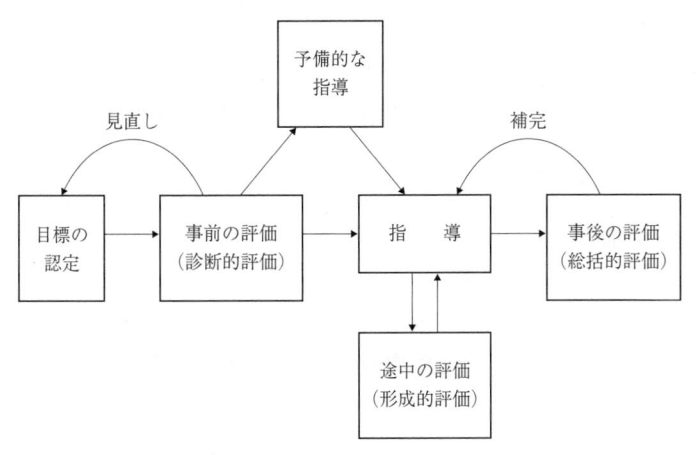

図 5-8　3つの評価の関係（南風原、2006）

のは、南風原（2006）による3つの評価と学習指導の関係である。ここではそれぞれの評価について紹介する。

[1] 診断的評価

　診断的評価とは、学習者の現在の能力を把握して、学習目標や学習内容、授業形態などの授業計画を立てるために行う評価である。たとえば新しく学年が始まるとき、クラスの子どもたちの知識の習得はどの程度であるかを知りたいときに行われる。この評価は、学年、学期、単元などの始まりに行われることが多いために、事前の評価とも呼ばれる。北尾（2004）によれば診断的評価は、最適のカリキュラムを用意するために必要である。大半の学習者が予定していた学習内容を既に修得していたとしたら、カリキュラムの再考を必要とする。大半の学習者が予定した学習内容に対する事前の知識が足りない場合も、どの点の知識が特に足りないのかなどを情報を得て、カリキュラムの再考を必要とする。また、授業によっては能力別のクラス分けを行ってから、授業を開始する場合がある。語学教育におけるプレイスメント・テストは、授業前のテストの結果で能力、適性に応じてクラス分けを行う。これも診断的評価の役割の一つである。

[2] 形成的評価

　最適なカリキュラムと考えて授業を実施しても、必ずうまく授業が進行するとは限らない。たとえば、事前に学習者の情報を把握したつもりでも不足があったり、学習者が真剣に授業に取り組めないなど動機づけの問題があったりなど、さまざまな修正事項が生じてくる。問題は生じていなくとも、学習者がどの程度学習内容を理解しているかを学期などの途中で把握することで、以降の授業計画を見直したり、改善したりすることにつなげることもできる。学習の形成中に行われる評価を形成的評価と呼ぶ。この評価は、学期、単元などの途中の時期に行われることから、途中の評価でもある。

　形成的評価においては、小テストなどを実施して、その成績を学習者にフィードバックすることによって、学習の達成水準をあげることが期待される。形成的評価のために実施されるテストにおいては、何点とったかを問題にするのではなく、単元のカリキュラムのどこまで到達、習得しているかを重視した採点法が望ましい。

[3] 総括的評価

　学習の単元、学期、学年の終了時点において、学習目標がどのくらい達成できたかを総括的に評価する必要がある。学期末テスト、学年末テストといえばイメージしやすいだろう。期間を通しての学習の締めくくりの評価を総括的評価という。学習者にとっては、総括的評価の情報がフィードバックされることによって、自分の努力の成果を確かめることができ、次の目標を立てることができる。教育者にとっては、その期間におけるカリキュラム、教授内容が適切であったかを判断、反省する材料となる。またこれ以降の学習内容、教授内容の質や量を再考する機会も与えられる。このような評価は、何らかの時期の終了の時点で行われることから、事後の評価とも呼ばれる。

C　評価に影響を及ぼす心理的要因

　教育者、評価者が検査の結果を判定する場合、さまざまな心理的要因が影響を及ぼす。影響を及ぼす要因は、知能検査の判定においても、学力テ

ストの安定においても、評価者が人間である限り同様である。以下に代表的な要因を紹介する。

よく知られた影響の1つに、ピグマリオン効果がある。教育者が子どもに対して抱く期待が、子どもの学習成果に大きな影響を与える。これをピグマリオン効果という。ピグマリオンとは、ギリシャ神話に登場する王の名前である。王は自分の作った女性像に恋をし、それを知った女神がその女性像に命を吹き込み、美女が誕生する物語にちなんで、効果が命名されている。

ローゼンタールとジェイコブソン（Rosenthal & Jacobson, 1968）の研究では、「知能検査の結果から、この子は急速に伸びると予測できます」と教師に告げ、教師が抱く期待が子どもにどのような影響を及ぼすかを調べた。この研究において「伸びる子」と教師に告げられる子は、実際に行った知能検査の成績とは無関係に、ランダムに選ばれた各クラスの20%の子どもである。このように、実験の目的となる実験条件に割り当てられた実験参加者のグループを、実験群と呼ぶ。クラスの他の子どもに関しては教師に対して何も情報は与えられない。実験群の成績と比較するための実験参加者のグループを統制群と呼ぶ。約1年後に再び同じ知能検査をした結果を図5-9に示す。縦軸は2回目の検査の結果から1回目の検査を引いた値を示す。図5-9から明らかなように、3年生以上には実験群と統制群の知能得点の増加に、大きな違いは認められない。ただし低学年においては、統制群に比べて実験群の子どもたちの知能得点は大きく上昇していることがわかる。教師の期待は、子どもの元来の能力にかかわらず、子どもの知能指

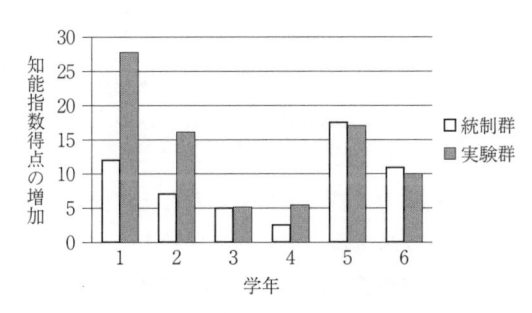

図5-9　ピグマリオン効果（Rosenthal & Jacobson, 1968 より作図）

数に良い影響を与えたのである。

　その後の研究において、教師の持つ期待は、成績の良い子と良くない子とでは、異なる行動となって表れることが示された。たとえば教師は成績のよくない子に比べて、成績のよい子に発言を求めることが多く、成績のよい子が間違った答えをしても叱責することが少なく、成績の良い子が正しい答えをするとしっかりと褒めるなどの言語行動をとるという（Good, 1981）。

　光背効果（halo effect）と呼ばれる効果もある。この効果は、人物が望ましくない（もしくは望ましい）特徴を1つか2つ持っていると、その評価を人物全体に広げてしまうことである。たとえば教師が成績の良い子を見ると、成績が良いという特徴をその子ども全体に広げ、性格や生活態度などの行動も良いとみなすことである。成績が悪い子に対し、すべての面において否定的な評価を与えてしまうこともある。この効果は、後光効果、ハロー効果とも呼ばれる。

トピック　妥当性と信頼性

　学習評価のために、重要な基準となるのが妥当性と信頼性である。妥当性とは、評価結果の解釈と利用の適切さの程度と定義される（山森、2013）。たとえば学期末テストは、学期中の勉強の成果を評価する目的のために作成される。このテストが学習者の勉強の成果をどの程度適切に測定しているかが、評価のために重要となる。評価の対象となる学力などの構成概念を適切に反映している程度を、構成概念妥当性という。この妥当性が高くない場合、テスト結果の解釈も適切に行えない。また評価結果が、後にどの程度利用できるのかも、学習場面においては重要である。たとえば学習者が、評価結果を後の学習に十分に利用できるならば、もしくは評価者が評価結果を後の教育内容の改善に十分に利用できるならば、妥当性は高いことになる。

　信頼性とは、評価結果の一貫性を指す。たとえば同じテストを偶数番号と奇数番号に分け、クラス全員に実施し、偶数テストと奇数テストの得点間の相関が高ければ、信頼性が高いテストと考えられる。この信頼性を検討する方法は折半法と呼ぶ。妥当性と信頼性は、知能検査などの心理検査

の標準化においても重要な基準となる。

注)
1) 流動性知能と結晶性知能は、さらに CHC 理論（Cattell-Horn-Carroll theory）へと発展する。この理論は膨大なものであるために、興味のある読者は三好・服部（2010）を読むと良い。
2) 平均値はデータの代表値であり、標準偏差とはデータのばらつき具合を示す統計量である。正規分布など、心理統計の詳細は他書（山内光哉著『心理・教育のための統計法』）を参照のこと。
3) 知能に限らず、心理検査を作成する際には標準化の手続きが必要である。検査が完成するまでの流れはおおよそ次のようなものである。測定しようとする概念を明確にし、概念に関連する多くの項目が含まれた検査の予備版を作成する。この予備版を多くの人に解答してもらい、解答データを統計手法によって分析する。分析の結果、最終版に残すべき項目の選定を行うなど、検査の内容を整える。最終版の検査を作成するためには、検査に「信頼性」と「妥当性」が認められるかどうかを確かめることが重要である。信頼性と妥当性の認められる心理検査を作成する一連の手続きを「標準化」と呼ぶ。信頼性と妥当性に関しては、他書（大山正ほか著『心理学研究法』など）を参考にすると良い。

引用文献
東　洋（1992）．教育の心理学——学習・発達・動機の視点　柏木惠子（編）有斐閣
Bouchard, Jr., & McGue, M.（1981）. Familial studies of intelligence : A review. *Science*, **212**, 1055-1059.
Flynn, J. R.（1984）. The mean IQ of americans : Massive gains 1932 to 1978. *Psychological Bulletin*, **95**, 1, 29-51.
Flynn, J. R.（1987）. Massive IQ gains in 14 nations : What IQ tests really measure. *Psychological Bulletin*, **101**, 171-191.
Good, T. L.（1981）. Teacher expectations and student perceptions : A decade of research. *Educational Leadership*, **38**, 415-422.
藤崎春代（1998）．ビネーの知能検査——個人差測定の展開　市川伸一（編）新心理学ライブラリ 13　心理測定法への招待——測定からみた心理学入門　サイエンス社　pp. 32-41.
南風原朝和（2006）．教育評価の方法　子安増生・田中俊也・南風原朝和・伊東裕司　ベーシック現代心理学 6　教育心理学　新版　有斐閣　pp. 181-203.
Horn, J. L.（1985）. Remodeling old models of intelligence. In B. B. Wolman (Ed.), *Handbook of intelligence*. New York : John Wiley & Sons. pp. 267-300.
北尾倫彦（2004）．学習の評価　北尾倫彦・杉村健・山内弘継・梶田正巳　教育心理学　新版　有斐閣　pp. 109-150.
子安増生（1999）．知能　中島義明・安藤清志・子安増生・坂野雄二・繁枡算男・立花政夫・箱田雄二（編）心理学辞典　有斐閣　p. 579.

三好一英・服部環（2010）．海外における知能研究と CHC 理論　筑波大学心理学研究 40, 1-7.
Mullen, F. A. (1940). Factors in the growth of girls. *Child Development*, 11, 27-42.
Nisbett, R. E. (2009). *Intelligence and How to Get it : Why Schools and Cultures Count.* New York : W. W. Norton & Company.
　（ニスベット，R. E. 水谷淳（訳）（2010）．頭のでき──決めるのは遺伝か、環境か　ダイヤモンド社）
大山　正・岩脇三良・宮埜壽夫著（2005）．心理学研究法──データ収集・分析から論文作成まで　サイエンス社
Rosenthal, R. & Jacobson, L. (1968). Teacher expectations for the disadvantaged, *Scientific American*, 218, 19-23.
Spearman, C. (1904). General intelligence, objectively determined and measured. *The American Journal of Psychology*, 15, 201-293.
山内光哉（2009）．心理・教育のための統計法　第3版　サイエンス社
山森光陽（2013）．学習評価　安藤寿康・鹿毛雅治（編）教育心理学──教育の科学的解明をめざして　慶応義塾大学出版会　pp. 252-276

理解を深めるための参考文献
- ニスベット，R. E. 水谷淳（訳）（2010）．頭のでき──決めるのは遺伝か、環境か　ダイヤモンド社
- 大山　正・岩脇三良・宮埜壽夫（2005）．心理学研究法──データ収集・分析から論文作成まで　サイエンス社

知識を確認しよう

【択一問題】

(1) 知能の理論に関する①〜⑤の記述のうち、正しいものの組み合わせとして最も適切なものを、ア〜カの中から1つ選びなさい。
① 流動性知能は、これまで獲得した知識や技能に関する知的能力であり、高齢者にとって特に重要な知能である。
② スピアマンは、抽象的な思考力の高い人は記憶の能力も高いことを想定する、一般知能の考え方を採用した。
③ 知能は、20世紀前後の研究の創世期から、検査項目間の関連性を示す相関係数や、相関係数に基づいて検査項目のグループ化を行う因子分析などの計量心理学の手法を使って行われた。
④ 結晶性知能は、情報をいち早く取り込んで、新しいことに取り組む能力である。
⑤ サーストンは因子分析の手法によって、一般知能因子を抽出した。

　ア ①②　　イ ①④　　ウ ②③
　エ ③④　　オ ④⑤　　カ ②⑤

(2) 次の①〜⑤の文は、知能の測定に関連する人物や対象についての説明である。このうち、正しい説明を1つだけ選びなさい。
① 知能指数とは、データのばらつきを示す統計指標である標準偏差を利用して知能を表示する。
② ターマンは、精神年齢と生活年齢という2つの比率を利用した知能の指標を、初めて提案した人である。
③ ビネー式知能検査は、問題を難易度順に並べる項目構成のために、特に成人の知能測定に適している。
④ ウェクスラーは、知能は注意、思考、言語、動作などを含んだ統一的な能力と定義して、知能検査を開発した。
⑤ ビネーは検査を開発した当初、知能を表すために精神年齢を採用した。

(3) 以下の①～③は学習評価に関する説明である。a～fの用語との組み合わせとして正しいものを、ア～オの中から1つ選びなさい。

[説明]
① 学期の途中に、学習者の理解度を確かめるために行う評価
② 学習者の過去と現在の成績を比較する評価
③ 学習者の成績を、何らかの基準に照らし合わせた到達度によって示す評価

[用語]
a　総括的評価　　　b　相対的評価　　c　形成的評価
d　絶対的評価　　　e　個人内評価　　f　診断的評価

　　ア　①-c　②-e　③-d　　　イ　①-a　②-b　③-d
　　ウ　①-c　②-e　③-b　　　エ　①-f　②-b　③-e
　　オ　①-f　②-d　③-b

論述問題

(1) ブルームによる3つの学習評価である診断的評価、形成的評価、総括的評価は、絶対的評価、相対的評価、個人内評価のいずれの評価方式が適切であるかについて述べなさい。
(2) 知能における遺伝と環境について述べなさい。
(3) 教師の心理が評価に与える影響について述べなさい。

第6章 教育相談

🔑 キーワード

- カウンセリング
- 適応
- 不登校
- いじめ
- 自殺
- パーソナリティ
- 精神疾患
- 発達障害
- 非行
- スクールカウンセラー

本章のポイント

　教育相談とは、子供一人ひとりを大切にし、児童生徒の発達を支援するためにカウンセリング等を活用して個別対応することである。発達支援のためには、パーソナリティの構造を理解し、さまざまな不適応行動や心身の不調について心理学的に理解する必要がある。
　人間には生得的な気質があるが、生育環境によってパーソナリティが作られ、学校環境の中で時に不適応を起こす。生徒相談によって、発達障害、いじめ、不登校、非行、自殺などの問題解決に取り組んでいきたい。問題解決のためには、カウンセリングの理論と技法を教育相談の中で活用することが有用だろう。目に見える行動だけに惑わされず、背後にある心理的問題を理解することが大切である。

1 教育相談とは

A 教育相談の定義と役割

　相談とは、個別対応のことである。教育相談とは、教育現場で、子どもたち一人ひとりの必要性に応じた対応をすることである。文部科学省(2011)によれば、教育相談とは「個に焦点を当て、児童生徒それぞれの発達に即して、好ましい人間関係を育て、生活によく適応させ、自己理解を深めさせ、人格の成長への援助を図るもの」と定義されている。

　個別の対応をするためには、個々別々の事情を知らなければならない。だから、相談の基本は相手の話を聞くことである。相談とは、一人ひとりの子どもの話を聞き、一人ひとりに適した会話、アドバイス、カウンセリングなどを通して、子どもを理解し発達の支援をすることである。

　教育相談は個別対応であるが、必ずしも相談室における個別面談、カウンセリングだけで行われるものではない。文部科学省の「児童生徒の教育相談の充実について—生き生きとした子どもを育てる相談体制づくり」(2007)によれば、教育相談を次のように説明している。

　「教育相談業務は、学校生活において児童生徒と接する教員にとっての不可欠な業務であり、学校における基盤的な機能である。この点、中学校学習指導要領解説(特別活動編　平成11年)によれば、「教育相談は、一人一人の生徒の自己実現を目指し、本人又はその保護者などに、その望ましい在り方を助言することである。その方法としては、1対1の相談活動に限定することなく、すべての教師が生徒に接するあらゆる機会をとらえ、あらゆる教育活動の実践の中に生かして、教育相談的な配慮をすることが大切である。」とされている」。

　つまり教育相談こそが、学校教育の土台といえよう。個人を大切にする現代社会においては、個別面談のときだけでなく、生徒一人ひとりを大切にする教育相談的なアプローチが、教育のすべての場面で求められているのである (河村、2012)。

　教育相談の大きな手法の一つが、カウンセリングである。カウンセリングはカウンセラーだけが行うものではない。一般の教師は心理学の専門家

ではないが、日々子どもと接することができる。カウンセリング的な手法を活かすことは、より良い教育相談を行ううえで、有用だろう。

B 教育相談の3領域
[1] 治療的教育相談
　不登校、非行、怠学、いじめなど、さまざまな不適応行動に対応する教育相談である。治療といっても、病院で行うような治療を行うわけではないが、問題を抱えて本人や周囲が困っている児童生徒を支援するための活動である。悩みを抱えながら誰にも話せない子どもは多い。誰かに話せることは、大きな力になるだろう。

[2] 予防的教育相談
　さまざまな問題が生じる前に予防するための教育相談である。たとえば、3日連続で欠席した場合には、病欠という連絡があったとしても、登校しぶりが始まった可能性を考え、不登校予防のための配慮をすることが必要だろう。

　あるいは、学校生活に関するアンケートを行い、不安を感じている児童生徒と面談することで、問題発生を予防することもできるだろう。子どもの心が疲れすぎないようにすることが、大切である。

[3] 開発的教育相談
　教育相談は、問題を抱えている人だけのものではない。現在普通に学校生活を送っている児童生徒を、さらに成長させるための教育相談も大切である。

　学校における指導には、教科指導、進路指導、生活指導があるが、勉強ができない、進路に悩んでいる、生活が乱れているといった児童生徒に対応するだけではなく、もっと良く学習できるように、より良い進路選択、より良い生活ができるように行うのが、開発的教育相談である。

2 パーソナリティと自己概念

　教育基本法の1条には、教育の目的は「人格の完成を目指す」とある。人格の完成とは、わかりやすくいえば、その人がその人らしくあることだろう。文部科学省の解説によれば、人格の完成とは個人の価値観と尊厳を重視しながら、人間のさまざまな能力をバランス良く伸ばすことだとしている。学校教育のすべては、この人格の完成のために行われるべきであろう。

A　パーソナリティとは

　人には、それぞれの行動パターンがある。これを、パーソナリティ（性格、人格）という。パーソナリティに、さまざまな能力や容姿などが加わって、各自の個性が作られる。

　パーソナリティの構造は、生まれつきの「気質」が中心にあり、その外側に経験によって身につけた「狭い意味のパーソナリティ」があり、さらにその外側に、社会や文化が作り上げる「社会的性格」、役割によって身につけた「役割性格」があると考えられる（図6-1）。

　気質は、情緒的な反応の傾向を示すもので、比較的静かなタイプや刺激を求めるタイプなどがある。体質が簡単に変わらないように、気質も簡単には変わらないだろう。しかし、生まれつきの部分だけで性格が決まるわ

図6-1　性格の構造

けではない。その後の環境によって気質がどう現れるかで性格ができあがる。

社会的性格とは、その文化、その時代に、多くの人が持っている性格である。イエス、ノーをはっきり言う文化もあれば、はっきり言わない文化もあるだろう。私たちは、それぞれの文化を反映した行動をとるのである。

「役割が人を作る」といった言葉があるように、頼りなかった生徒がクラブ活動の部長を務めることで責任感を身につけていくこともある。ある役割を得ることで身につけていくのが、役割性格である。学校では、さまざまな役割を作り、児童生徒に役割を与えて成長を促している。

人間の行動パターンは、性格の他に、態度や行動習慣によって作られる。性格自体は変わらなくても、挨拶をする態度や、毎朝朝ご飯を食べる行動習慣などを身につけることができるだろう。

私たちは、児童生徒の行動パターンを見る。だが、それをすべてパーソナリティと考え、簡単に変わらないものと考えるのは間違いだろう。さまざまな環境や習慣が影響を与えているのである。

B 類型論と特性論

パーソナリティをいくつかのパターン（類型）に分けて理解しようとするのが、類型論である。クレッチマー（Kretschmer, 1921）は、体型と気質に関する古典的研究を行っている。彼によれば、細長型はきまじめで神経質なタイプ（分裂気質）、肥満型（ふっくら型）は社交的で感情豊かなタイプ（躁うつ気質）、闘士型（がっしり型）は熱中するタイプ（粘着気質）であるとしている。

ユング（Jung, 1921）による内向型、外向型の類型もよく知られている。外向型は活動的で陽気なタイプ、内向型は控えめで思慮深いタイプである。血液型による性格判断は心理学的な根拠のないものだが、類型論的な考え方の一つである。類型論は、わかりやすい長所がある。

特性論は、オルポート（Allport, W. A.）、ギルフォード（Guilford, J. P.）らによって提唱された理論であり、パーソナリティの多くの側面、要素が、それぞれどの程度あるのかによって、個人を表現する考え方である。たとえば、体力が「ある」「ない」と類型論的に考えると、わかりやすいが、しかし実際にはその中間が存在している。そこで、握力、垂直跳び、持久走、柔軟

性など、さまざまな側面を測定して、各自の体力を表現しようとするのが、特性論的な考え方である。

ギルフォードは、パーソナリティの13の特性を設定し、この理論をもとにして作られた性格テストが、矢田部・ギルフォードテスト（YGテスト）である。

またレヴィン（Lewin, 1951）は、「場の理論」を提唱し、人間の行動（B）は個人（P）と環境（E：物理的環境、人間関係、職場風土など）との絡み合いの結果生じると主張し、

$$B = f(P \cdot E)$$

と表現している。

フロイト（Freud, S.）は、性格の構造として、本能的なイド、理想や良心に当たる超自我、その間に立って現実的な対応を行う自我を考えた。イドが暴走しても、また超自我に押しつぶされても不適応になり、成熟した自我による現実的対応が必要になってくる。

心理学の歴史では、類型論的な考え方から特性論的な考え方へと変化してきた（小塩、2010）。近年の研究では、パーソナリティを5つの側面（因子）によって捉えようとするビッグファイブ理論がある。この理論は、性格を、開放性（遊戯性）、誠実性（勤勉性）、外向性（社交的）、調和性（協調性）、情緒不安定性（神経症傾向、心配性）の5つの側面の高低から判断しようというものである。

C パーソナリティの測定

パーソナリティテストには、大きく分類して、質問紙法、投影法、作業検査法がある。質問紙法としては、矢田部・ギルフォード性格検査（YGテスト）、ミネソタ多面人格目録（MMPI）、エゴグラムなどがある。

投影法検査としてはロールシャッハ・テスト、主題統覚テスト（TAT、CAT）、文章完成法テスト（SCT）などがある。作業検査法としては、内田クレペリンテストがある。

D 個性尊重とパーソナリティの成長

　個性を尊重し、個性を伸ばす大切さは、教育においてよくいわれることである。それでは、乱暴な行為や盗癖などがあれば、その特徴をもっと伸ばそうということだろうか。もちろんそうではない。たとえば、体の病気を個性だからもっと症状を重くしようという人はいないだろう。パーソナリティにおいても、問題行動はむしろ個性を発揮するのを妨害しているものである。児童生徒を支援して、問題行動を減らし、本来の力を伸ばすことが、個性尊重であり、人格の完成を目指すことになるだろう。

E 自己概念

　自分は価値がない人間だと思い込めば、自尊感情が低下し、努力や挑戦ができなくなってしまう。たとえば、自分は歌が下手でダメな人間だと思い込むセルフスキーマ（自分自身を考えるときの枠組み）を持つと、歌で失敗した記憶が長く残り、生活の中で音痴に関する情報に敏感になる。こうして、さらに歪んだ自己概念（セルフイメージ）ができあがる。

　アメリカの童話「オズの魔法使い」には、勇気がないことを嘆くライオンが登場する。ライオンは、物語の中でさまざまな冒険を通してみんなを守るために頑張る。

　冒険の後、オズの魔法使いは、ライオンに君はすでに勇気を持っていると語る。「君に必要なのは、自信じゃ。生きとし生ける者で、危険に出会って怖いと思わないものはない。真実の勇気とは、怖いと思うときに危険に立ち向かい行動できることじゃ」。

　個性は、経験を通して伸びていく。学校は豊富な経験をさせるところである。自分で自分をどう考えるかというセルフ・イメージこそがパーソナリティを作るともいえるだろう。

3　適応と不適応

　人は、社会の中で、さまざまな人間関係を伴いながら生きている。人は

所属する社会環境の中で上手く生きていけるように、学習し、欲求不満を解消し、自らの考えと行動を調整し、周囲との調和を図る。これが適応である。適応は単に環境に慣れるだけではなく、より良く生きることである。

A 葛藤（コンフリクト）

私たちは、多くの欲求を持つ。同時にすべてを満たすことはできず、葛藤が生まれる。たとえば、カレーも食べたいがラーメンも食べたいといった「接近－接近型」。右に行けばライオンがいて怖い、左に行けばトラがいて怖い、あるいは勉強するのも嫌だが、勉強しなくて落第するのも嫌といった「回避－回避型」。ふぐは食べたいが毒は怖い、彼に告白したいが断られるのは不安といった「接近－回避型」の葛藤がある。

B 欲求不満（フラストレーション）

人は思いのままには生きられない。目標を達成できず、欲求が満たされないことも多い。その状態が、欲求不満（フラストレーション）である。

欲求不満状態に耐える力を欲求不満耐性（フラストレーション・トレランス）という。欲求不満が高く、欲求不満を解消する方法がなく、欲求不満耐性も低いとき、問題が生じやすくなるだろう。

C 適応機制

欲求が満たされないままでは辛い。そこで、心の安全装置ともいえる適応機制（防衛機制）が働くことになる。

- **投射（投影）** 自分が持っている望ましくない感情や意図を他者が持っていると感じる。
- **同一視** 他者が持っている良い特徴や栄光を自分のもののように感じて、取り入れる。
- **抑圧** 認めたくない感情を自覚しない。
- **合理化** 自分の行動は間違っていないと正当化する。
- **置き換え** 感情や目標を本来の対象以外のものに向けていく。
- **補償** 運動が苦手な人が勉強で頑張るように、劣等感を乗り越えるために努力する。

- **代償** 達成不可能な目標から可能な目標へと対象を変える。
- **昇華** 置き換えの中で、社会的価値の高いもの。
- **反動形成** 都合の悪い欲求の正反対の態度をとる。
- **逃避** 空想、病気、他の現実の行為に逃避する。
- **退行** 実際の年齢よりも子どもっぽい態度をとる。

適応機制は、適切に用いれば、健康と適応に役立つ。しかし過剰に働かせすぎれば、かえって支障をきたすこともあるだろう。

4 問題行動

適応に失敗し、不適応を起こすと、その結果としてさまざまな問題行動が生じる。窃盗や暴力のような反社会的行動を起こすこともあるし、不登校、ひきこもりのような、非社会的行動を起こすこともある。

A 不登校
[1] 不登校の現状

不登校は、病気や経済的理由以外の理由で年間30日以上欠席したものを指している。2011（平成23）年度の小学校の不登校児童は約2.2万人（発生率0.33）、中学校生徒は9.4万人（発生率2.64）であり、中学校の場合はほぼ1クラスに1人いるほどの人数である（文部科学省、2012）（図6-2）。不登校は、学校が抱える大きな問題の一つといえるだろう。

文部科学省の調査によると、不登校になったきっかけとしては、次の理由が挙げられている。「不安など情緒的混乱」26.5%、「無気力」24.4%、「親子関係をめぐる問題」10.9%、「友人関係をめぐる問題（いじめは除く）14.7%「遊び、非行」9.6%「学業不振」8.6%「意図的な拒否」4.6%。

多くの不登校児童生徒は、登校に対して漠然とした不安を持っているといえるだろう。

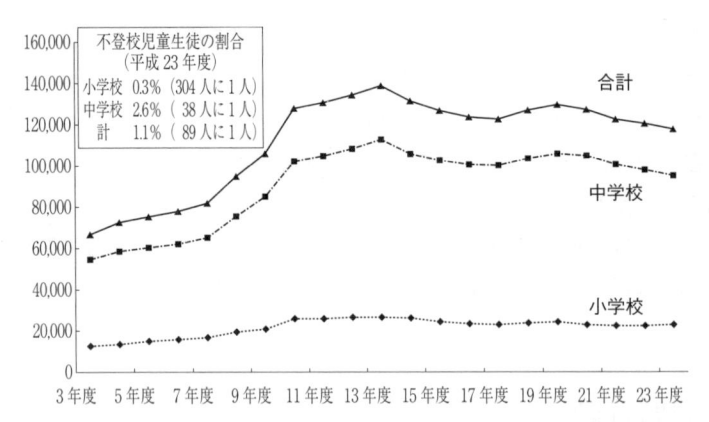

図6-2 児童生徒の問題行動等生徒指導上の諸問題に関する調査（文部科学省、2012）

（グラフ内凡例）
不登校児童生徒の割合（平成23年度）
小学校　0.3%（304人に1人）
中学校　2.6%（ 38人に1人）
計　　　1.1%（ 89人に1人）

[2] 再登校へ向けて

　統計的には不登校が多いとはいっても、普通の保護者はわが家に起きるとは思っていない。子どもが不登校になれば、家族は動揺し、登校を強いることもある。だが、大切なことはスモールステップである。

　まず、現状で落ち着けるようにする。そして、再登校へのきっかけを作る。次に学校の玄関まで行く、さらに保健室、相談室を使った別室登校を始めるなど、徐々にステップアップして教室に近づいていく方法が必要だろう。

　解決を急ぎすぎ、不用意に登校刺激を与えて子どもを不安定にさせるのは良くない。しかし、安定しているからといって現状維持だけでは問題は解決しない。ステップアップした直後は心理的に不安定なので安定するまで待ち、安定したら、適切なきっかけ、適度な登校刺激を与えて、次のステップアップを目指すことである。

　登校させることだけが目的ではない。しかし、多くの子どもたちは、学校へ行き学び、遊び、豊富な経験をしたいと願っているだろう。その不登校生徒たちを支援してくのが、教育相談の役割である。

B　さまざまな心の不調：精神疾患

[1] PTSD（心的外傷後ストレス障害）

　PTSD は、命の危険や、非常に苦しい体験などによって長期的に影響が

残る心身の不調である。不眠、不安、過度の緊張や、小さな物音にも過敏に反応する、当時の感情が突然戻るフラッシュバックなどの症状がある。

[2] 摂食障害
食べ過ぎてしまう過食症、極端に食事量を減らす拒食症がある。過食から拒食に移行することもある。大きなストレスや成熟拒否などが原因と考えられている。

[3] 緘黙症（かんもく）
機能的には問題がないのにもかかわらず、心理的原因によって話ができない症状である。すべての場所で話ができない全緘黙と、場面によって話せなくなる場面緘黙（選択性緘黙）とがある。完全に話せないわけではなく、ささやき声になることもある。

話すことを無理強いすることなく、不安をとり、楽しく安心できるコミュニケーション体験を増やすことが大切である（角田、2008）。

[4] チック
まばたきや、顔の一部をぴくぴく動かすなど、突発的で、不規則な、体の一部の速い動きや発声を繰返す状態がチックである。軽い場合には、症状に注目しすぎず、生活全般でリラックスすること、熱中できるものを作ることなどの工夫で治ることも多い。重症の場合は、専門医による薬物療法を受けることもある。

[5] うつ病
近年、子どものうつ病が注目されている。子どものうつ病は、抑うつ状態だけではなく、さまざまな症状が現れることがある。朝は調子が悪く夕方からは元気になることも多い。睡眠障害、体のだるさ、抑うつ、意欲低下といった症状の他、落ち着きがなくなる、イライラする、攻撃的になるなどの症状が現れることもある。子どものうつには、医学的な治療の他に、子どものストレスを下げ、辛さを聞くなどの配慮が必要である（傳田、2002）。

C 発達障害
[1] 発達障害とは

発達障害は、近年教育現場で大きな問題となっている。発達障害の定義は、時代や領域によって異なるものの、2004（平成16）年制定の発達障害者支援法においては、「この法律において「発達障害」とは、自閉症、アスペルガー症候群その他の広汎性発達障害、学習障害、注意欠陥多動性障害その他これに類する脳機能の障害であってその症状が通常低年齢において発現するもの」と定義されている。

発達障害は、環境によるものではなく、脳（中枢神経系）の機能障害であって、子どもの頃から症状が出るものである。

[2] 学習障害（LD）

学習障害は、全般的な知能の遅れはないものの、読む、書く、聞く、計算、推論など、特定の分野の能力が大きく下がる障害である。漢字が読めない、漢字は読めても文章を読んで理解できない、文字が上手く書けない、書くのに非常に時間がかかる、文書は読めても口頭で言われると理解できない、計算ができないなどのつまずきが表れる。

読めない人には、口頭で伝える。聞けない人には、文字で伝える。書けない人には、キーボード入力を認めるなどの工夫が考えられるだろう。

[3] 注意欠陥多動性障害（ADHD）

私たちは、適度に集中し、適度に注意を分散させながら、生活している。ADHDは、そのように適度に注意を向けることができなかったり、落ち着きがなかったりなど、注意欠陥、多動、衝動性等の症状が7歳以前から見られ、それらの症状が6ヶ月以上続く障害である。そのため、授業中に立ち歩いたり、挙手せずに発言し続けたりなど、落ち着いて授業を受けることができずに、学校生活で大きな支障が生じることもある。

対応としては、注意がそれてしまうような掲示物を教室内に貼らない、授業中にカーテンの開け閉めなどを依頼して、少し動けるようにするなどが考えられる。

ADHDは、3つの下位グループに分けることができる。

①不注意優勢型　集中できず、忘れ物やケアレスミスが多く、物事を順序よくきちんとこなすことが苦手である。
②多動性-衝動性優勢型　落ち着きがなく、席に座っていられない、非常におしゃべり。周囲の状況にかかわらず、衝動的に突然行動する。
③混合型　不注意、多動、衝動性の3つの特徴が見られるもの。

[4] 自閉症スペクトラム（広汎性発達障害）

　人との関わり合いやコミュニケーションに困難を抱えたり、強い「こだわり」を示したり、反復的な常同行動を持つ障害であり、3歳ぐらいまでに現れる。

　アメリカ精神医学会が定めたDSM（精神障害の診断と統計の手引き）IV-TRでは、広汎性発達障害を、典型的なカナー型の自閉症、知的障害のない高機能自閉症（IQがおおむね70以上）、知的障害も言葉の遅れもないアスペルガー障害などに分類していた。

　高機能自閉症、アスペルガー障害の中には、学習面では問題が少なくても、常識的な判断や人間関係における微妙なやりとりができず、強いこだわりを持っていたり、難しい言葉は知っていても場にそぐわない使い方をしたりする子どももいる。

　2013年に英語版が発行されたDSM5では、広汎性発達障害は「自閉症スペクトラム（連続体）」と名称変更され、アスペルガー障害などこれまでの下位分類は廃止されて、重症度の分類が新設されている。また、コミュニケーション障害と常同性（無目的な行動の繰り返し）を併せ持つものを自閉症スペクトラムとし、コミュニケーション障害だけがあるものを「社会（実用）コミュニケーション障害」としている。

[5] 発達障害に対する対応

　診断名がついていてもいなくても、クラスの中にこれらの特徴を持った子どもはいるだろう。発達障害なのに、周囲が理解せず無理な強制を受けてきた子どもや、そのために自尊心を失っている子どもがいる。一方、発達障害だと親が理解はしているが、適切な教育訓練を受けないまま成長してしまった子どももいる。

どの部分が障害のための困難なのか、どの部分は伸ばしていけるのか、その子どもの特徴は何なのかを理解したうえで、適切な教育をしていく必要があるだろう。

D いじめ

2013（平成25）年に公布された「いじめ防止対策推進法」では、「一定の人的関係にある他の児童等が行う心理的又は物理的な影響を与える行為（インターネットを通じて行われるものを含む。）であって、当該行為の対象となった児童等が心身の苦痛を感じているもの」といじめを定義している。

いじめは、いじめられる「被害者」、いじめる「加害者」の他に、いじめを肯定する「観衆」、そして見て見ぬふりをする「傍観者」の四層構造からなっている（森田、1994）。

いじめを行う心理としては、満たされない権力欲、傷つきやすい自己愛、肥大した自我、人間関係の不安、わがまま、社会的ルールの未学習、ストレス発散、自己嫌悪感などが考えられる。

このようないじめへの衝動を持った子どもが、いじめが許されるいじめ許容環境に置かれたとき、いじめは発生する。高圧的な怖い教師、強さがなく統制できない教師、見て見ぬふりをする傍観者たちの存在が、いじめを許す雰囲気を作り上げるのだろう。

いじめ問題においては、被害者を守り、加害者の行為を止めなければならない。しかし同時に、教育心理学的に考えれば、いじめ加害者もまた、支援が必要な子どもであることを忘れてはならない。いじめの被害者も加害者も、ストレスをためている子どもたちなのである。

E 非行

[1] 非行、少年犯罪の現状

図6-3にあるように、日本における少年犯罪は、近年特に増加はみられない。殺人などの凶悪犯罪はむしろ低下している。しかし、非行の低年齢化が進み、また初発型非行（万引き、自転車泥棒など、比較的実行しやすい犯罪）の割合が少年非行の7割にも達している問題がある（内閣府、2013）。つまり、凶悪少年犯罪は減ったものの、非行のすそ野は広がっているといえるだろ

① 刑法犯 (昭和21年〜平成23年)

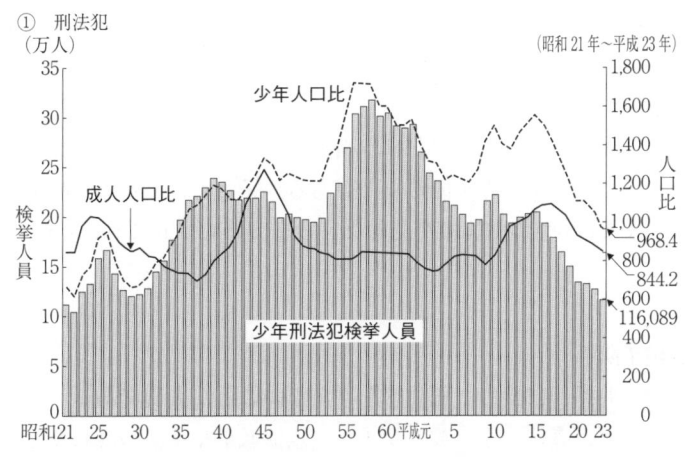

図6-3 少年による刑法犯・検挙人員・人口比の推移（法務省、2012）

う。また、重大な犯行に関しても、これまで非行歴がない「いきなり型」も増えている。

[2] 非行の心理

心理学的にみれば、非行は心のSOSサインである。大人のように利益のために犯罪を犯すのではなく、金があるのに盗み、大人の目の前で破壊行為をすることもある。彼らの多くは、自尊心が低く、愛されている実感を持ちにくく、他者からの悪意を感じやすく、希望が保てない状況でもがいているといえるだろう。非行行為は悪いことだが、少年自身を否定することなく、支援することが必要である。

F 自殺

自殺は、「孤独の病」ともいわれている。自殺を考える青少年の心理は、孤立感、無価値感、強い怒り、絶望、心理的視野狭窄（自殺以外の解決方法がないと感じる）などである。

[1] 青少年の自殺の特徴

青年の自殺は、自殺方法として時間のかかる不確実な方法を選ぶことが

多い。青年は、実際には生きたいと願いつつ、問題解決の方法がわからないのである（石田、2005）。青年たちの「死にたい」は、実は「生きたい」なのである。

一方小学生など子どもの自殺は、衝動性、確実な手段、小さな動機、影響されやすさ、死生観の未成熟などがある。子どもは、死の意味をよく理解しないまま、小さな動機で突発的な自殺を実行してしまうことがある（高橋、2008）。

[2] 自殺予防

日頃から共感的に接し、孤独感を与えないことが大切である。死にたい、消えたいなど、直接的な自殺のサイン、意欲低下や生活の乱れなど間接的な自殺のサインを感じとり、対応することが必要である。また、両親に自殺の危険性があると、子どもの自殺行動にも影響を与えるとされている。両親を支援することが子どもの自殺予防にもつながるだろう。

自殺のサインを見つけたら、一人で抱え込まず上司に報告するなど、問題を共有することが必要である。「秘密にしてほしい」などと言われていても、約束より命の方が大切であり、この場合は守秘義務に反さない。

死にたいと感じている人に、安易な励ましや正論を説いても、届かないことが多い。命に関する感動的な話にも、心は動かない。「どうしたの？」と話を聞くカウンセリング的な態度が求められる。道徳的な話よりも、「あなたが死んだら私は悲しい」というメッセージを届けることが必要だろう（碓井、2010）。

5　カウンセリング

教育相談を行ううえで、カウンセリング的対応は重要である。カウンセリング的な態度をカウンセリング・マインドともいうが、これは「あなたの話が聞きたい」「あなたの気持ちがわかりたい」という態度である。

A　カウンセリング・マインド：話を聞くということは、

　国分 (1981) によれば、話を聞くということは、「教えない」ということである。授業ではもちろん教えるのだが、カウンセリング的な面談をするときに、こちらから教え始めてしまうと、相手は黙ってしまい、相手の話が聞けなくなる。

　話を聞くということは、「簡単には理解しない」ということである。話を少し聞いただけでわかったつもりになってしまうと、それ以上話が聞けなくなるだろう。

　話を聞くということは、「相手のペースで話させる」ということである。怒っても良い、泣いても良い、沈黙しても良いという態度が必要である。

B　カウンセリング理論と技法

　カウンセリングとは、コミュニケーションを通して、クライエント（相談に来た人）の問題解決、行動変容を援助する方法である。

[1]　来談者中心療法（非指示的カウンセリング）

　ロジャース (Rogers, C. R.) が提唱したカウンセリング法である。クライエント自身の治癒力を信じて、自己変容の力が出てくるような状況を作り出そうとするものである。

　カウンセラーは、クライエントに対して、「無条件の肯定的関心」を持つ。相手の生き方がどうであれ、温かな態度で接する。ラポール（相互信頼関係）をとりながら、相手の話の内容を知的に理解するだけではなく、あたかもその人自身のように気持ちを感じとる「共感的理解」が大切である。そのような会話をする中で、クライエントはありのままの自分を受け入れる「自己一致」に進み、問題は解決へ向かうとされている。

[2]　指示的カウンセリング

　クライエントに、態度の変化、技能の学習、環境の変化などを求めるものである。現代では、認知行動療法が広がりつつある。

[3] さまざまなカウンセリング、心理療法

フロイトが提唱した精神分析療法では、自由連想法などを使用し、抑圧してきた不快な無意識を意識化することで治療を図る。行動療法の系統的脱感作法では、不安や緊張のもとになるものに徐々に触れながら、リラックスできるように訓練していく。箱庭療法は、砂を入れた箱に玩具を並べることで、感情や深層心理を表現させる療法である。

ブリーフ・セラピー（短期療法）では、クライエントが持っている問題解決のためのリソース（資源）を探し、ポジティブ・メッセージを与える。過去の問題より未来の可能性を考える。たとえば、なぜ学校へ行けないかよりも、どうすれば学校へ行けるかを考える問題解決志向である。

C スクールカウンセラー

子どもの成長を心理学の面から支援するのが、スクールカウンセラーであり、多くの場合、週1日勤務程度の非常勤である。スクールカウンセラーは、児童生徒とのカウンセリングの他、保護者との面談、教職員とのコンサルテーション（問題解決のための専門家同士の情報共有）などを行う。スクールカウンセラーは、心理学の「専門性」と、授業や評価を行わず保護者や他の教職員との利害関係がない「外部性」とが特徴である。

スクールカウンセラーが直接面談できる子どもの数が限られている中で、コンサルテーションは重要である。学校全体として、スクールカウンセラーの活用を考えたい。また、学校臨床は病院臨床とは異なる点も多く、学校文化の中での柔軟なスクールカウンセリング活動が求められるだろう。

トピック　教育相談に役立つ心理学の研究例

- **自分探し（自己注目と抑うつ）**　自分探しと称して引きこもる人がいる。しかし、自己注目しすぎることは、抑うつ状態を生むことが確かめられている。自分探しは、閉じこもってするのではなく、活動しながらするものだろう。
- **自尊感情（自己肯定感・セルフエスティーム）**　自尊感情には、次の4つの要素がある。①周囲から愛され包まれている「包み込まれ感覚」。②友達と話が通じる「社交性感覚」。③自分は頑張ることができると感じる「勤勉

性感覚」。④自分のことが好きだという「自己受容感覚」。これらの感覚を高めることが、自尊感情を高めることになる。

- **劣等感**　不健康な劣等感は、嫉妬、空虚感、孤独感、無力感、自己嫌悪感を生む。劣等感が強い人は、過去へのこだわりを持ち、敗北や失敗を繰り返し思い出す。劣等感の強い人は同調性が強く、人並みを目指す。また、人の目を気にする他者視点優位であり、そして現状には不満だが、漠然とした目標しかもたない。これらと反対の思考が、劣等感を下げる。
- **罪悪感**　罪悪感は、必ずしも悪いものではない。不健康な「恥意識」は、失敗や悪行による結果を恥じ入り、人間関係から退却させ、時に自己否定から破壊的活動を生む。一方、健康的な罪意識は、自分は価値のある人間だが、悪いことをしてしまったと感じ（外在化）、つぐないの思いから人間関係の修復や建設的な行動を生む。
- **自己制御**（セルフ・レギュレーション）　昔話「ウサギとカメ」のウサギは能力があったが自己制御できず、カメを侮辱し、途中で寝てしまい失敗する。カメは能力的には劣っていたが、自己制御に優れていたために勝利を手にする。

　自己制御とは、目標のために何かを我慢して行動を制御することである。自己制御能力の高い子どもは、社会的スキルや学業成績などが優れているという研究結果もある。

　ただし、自己制御には自己制御資源（自己制御のためのエネルギー）が必要だとする研究がある。つまり、いつも我慢し続けていると資源が枯渇し、必要な自己制御ができないこともある。のびのびと開放的に活動する場面と、自己制御して頑張れる場面の両方が必要だろう。

- **恥ずかしがり屋**（シャイネス）　シャイネスとは、他者との良好な関係を阻止する対人不安であり、他者が存在することによって生じる不快感と抑制である。シャイネスは、対人場面における不安から、関係の回避、抑制、責任ある立場の回避など、消極的、逃避的行動を生む。これでは、せっかくの成長のチャンスを逃してしまう。シャイネスな人に対して、周囲は過保護になったり、逆に叱りつけたりすることで、さらにシャイネスを高めてしまう。この悪循環を破らなければならない。
- **幸福と希望**　幸福は、特別な贅沢ではなく安定した日常から生まれる。

幸福な人の行動習慣は、感謝の気持ちを表現する、熱中できる目標がある、人を許す、内面を重視する、運動をするなどである。
　しかし、状況は変化し、幸福が壊れることがある。その時に必要なのが希望である。希望学の研究によれば、私たちが新しい大切な何かを見つけ、そこに近づく方法を知り、みんなと一緒に一歩を踏み出すときに、希望は生まれる。

引用文献

傳田健三（2002）．子供のうつ病―見逃されてきた重大な疾患　金剛出版
法務省（2012）．犯罪白書　平成24年版
石田　弓（2005）．シリーズ荒れる青少年の心　自己を追いつめる青少年の心―自殺の心理：発達臨床心理学的考察　北大路書房
Jung, C. G. (1921). *Psychologische Typen*. Zürich : Rascher.
　（ユング，C.G. 林　道義（訳）(1987). タイプ論　みすず書房）
河村茂雄（2012）．教育相談の理論と実際―よりよい教育実践をめざして　図書文化社
国分康孝（1981）．カウンセリング・マインド　誠信書房
Kretschmer, E. (1921). *Physique And Character*. Routledge & Kegan Paul.
　（クレッチメル，E. 相場　均（訳）(1960). 体格と性格―体質の問題および気質の学説によせる研究　文光堂）
小塩真司(2010)．はじめて学ぶパーソナリティ心理学―個性をめぐる冒険　ミネルヴァ書房
Lewin, K. F. (1951). *Field Theory in Social Science*. Tavistock Publications.
　（レヴィン，K.F. 猪股佐登留（訳）(1979). 社会科学における場の理論：増補版　誠信書房）
文部科学省（2007）．児童生徒の教育相談の充実について―生き生きとした子供を育てる相談体制づくり
文部科学省（2011）．生徒指導提要
文部科学省（2012）．平成23年度「児童生徒の問題行動等生徒指導上の諸問題に関する調査」
森田洋司（1994）．いじめ―教室の病い　金子書房
内閣府（2013）．子ども・若者白書　平成25年版
高橋祥友（2008）．現代のエスプリ488号　子供の自殺予防　至文堂
角田圭子（2008）．場面緘黙Q＆A―幼稚園や学校でおしゃべりできない子どもたち　学苑社
碓井真史（2010）．あなたが死んだら私は悲しい―心理学者からのいのちのメッセージ　いのちのことば社

理解を深めるための参考文献
- 本間友巳 (2008). いじめ臨床―歪んだ関係にどう立ち向かうか　ナカニシヤ出版
- 吉本武史 (2000). 教師だからできる5分間カウンセリング―児童生徒・保護者への心理的ケアの理論と実践集　学陽書房

知識を確認しよう

択一問題

(1) 次の①〜⑤の行動を適応機制として説明するときに、最もあてはまるものを下記ア〜サの中から選びなさい。

① 試験勉強をするのはいやだが、悪い点数をとるのも嫌だと考えているうちに、突然掃除をしたくなるのは（　　）である。

② 出身高校の野球部が甲子園に出場することになったので、みんなに自慢したくなるのは（　　）である。

③ イソップ物語で、美味しそうなブドウをどうしても採れなかったキツネが「どうせ酸っぱいブドウだったのだ」と語るのは（　　）である。

④ 2番目の子どもが生まれた後、長子が親に甘えてくるのは（　　）である。

⑤ 先生に叱られて腹が立った生徒が、帰宅後に妹に八つ当たりするのは（　　）である。

　　ア　投射　　イ　同一視　　ウ　抑圧　　エ　合理化
　　オ　置き換え　カ　補償　　キ　代償　　ク　昇華
　　ケ　反動形成　コ　逃避　　サ　退行

(2) 不登校に対する対応としてふさわしいものを選びなさい。

① 不登校の現状で安定しているのであれば、登校刺激は与えてはいけない。

② スクールカウンセラー、養護教諭、担任は、それぞれの役割があるので、協力よりも独自性を尊重する。

③ 不登校は家庭の問題が大きいので、保護者の問題点を指摘し、家庭を変えていく。
④ 登校を妨げていることがあれば、できるだけ取り除き、再登校を目指したスモールステップを考える。
⑤ 別室登校は、子供を甘やかし不登校を長引かせるので、避けた方が良い。

(3) 次のカウンセリングに関する記述の中で正しいものを選びなさい。
① カウンセリングは、スクールカウンセラーが行うだけではなく、他の教員にとってもカウンセリング的な関わりは大切である。
② カウンセリングとは、ロジャースの来談者中心療法のことである。
③ 自殺の危険性があるときなども、本人の了解なしに話の内容を第三者に話してはならない。
④ カウンセリングでは、共感的理解が大切であるため、クライエントの行為のすべてを肯定する。
⑤ ブリーフセラピー（短期療法）では、自由連想法を使って、原因となった過去の問題を探り、無意識を意識化する。

【論述問題】
(1) 担任とスクールカウンセラーは、どのように協力しあえるか述べなさい。
(2) 発達障害を持つ子どもに対して、どのような支援が考えられるか述べなさい。
(3) 不登校を解決していく際に注意すべきことは何か述べなさい。

第7章 学級経営

🔑 キーワード

学級経営　　　心理学的知見
学習指導　　　規範意識
生活・生徒指導　物理的環境
PDCA　　　　役割
ロール・プレイング　ロール・テイキング
　　　　　　　　（トレーニング）

本章のポイント

　学級経営という言葉は1900年代の初頭より本邦で使用され、現在まで用いられている用語である。学生諸君は大学までの諸教育機関に在籍した経験を通じて学級集団の構成員としての体験を重ねている可能性が高いと考えられる。その体験が、諸君らに与えた影響は決して小さくはないであろう。

　今後学生諸君が教育職に就職し、学級経営に直面した場合、一つひとつの教育技術の修得とその実現は重要であると考えられるが、それとともに学級経営の意味・必要性といった点についての視点を持つことも大切なことであると推察される。学級経営は本章の中でみられるように、さまざまな分野から構成されているが、学生諸君は今まで自らが体験した学級について考えながら読み進めてほしい。

1 学級経営とは何か

A 学級経営の定義的・意味的視点

[1] 学級経営の始まり

　わが国で学級経営というタイトルでの著作が公刊されたのは、1912年に沢正が著した『学級経営』が初めてであるといわれている（下村・天笠・成田、1994）。この序の中で沢は、「学校教育の基礎は学級の経営に有り学級経営に対する努力を問わずして、学校を経営せんとする人はかつて教育を充実せしめ得ざるべし」と述べている（沢、1912）。また、「学級経営は学校の内容を充実せしむべき最要の基礎である」とも記述している（沢、1912）。学校を取り巻く環境・時代背景など現代とは直接比較することは難しい部分もあるが、学級経営という言葉の持つ意味を確認することができる記述ではないかと考えられる。

[2] 学級経営という言葉について

　学級経営という言葉は、現在一般的にはどのような意味で用いられているのであろうか。

　まず学級とは、「同時に学習させるために組分けした児童・生徒の単位集団。ふつう同一学年の者で編制することになっているが、小規模校や特別の事情がある場合は2学年以上で編制する複式学級とすることができる。組。クラス。」（大辞泉、2012）であるとされており、児童生徒が集団として組織されている状態であると理解されるであろう。

　また経営とは複数の意味を持った多義的な言葉であるが、今回のような状況について、その意味を整理すると、「1　事業目的を達成するために、継続的・計画的に意思決定を行って実行に移し、事業を管理・遂行すること。また、そのための組織体。」「2　政治や公的な行事などについて、その運営を計画し実行すること。」等の意味として使用されることが考えられる（大辞泉、2012）。つまり、ある事業を遂行管理することを通じて、事業目的を達成させるという実際的な考えに基づいていることが理解されるであろう。

では、学級経営とはどのような意味であるかについては、「学級を教育の目的に沿って効果的に組織し運営すること。学習指導と生活指導を総合し、学級内の人間関係の発展を促すなどのほか、学級の物的環境を整備するなどの教育活動をいう。学級管理」(大辞泉、2012)という記述があり、学級経営とは学級組織に関連した運営であることが理解されるであろう。

[3] 教育の用語としての学級経営

学級経営という言葉が、教育に特化した用語として考えられている場合は、学級経営の意味としては、「子どもたちの教育という目的を遂行するために、担任と複数の子どもたちとを形式的な基準で一同に集め編成されたのが学級である。そのような学級がその目的を効果的に達成するために、教師が行う学級生活に関わる計画や運営」のことであるとされる(今野・新井・児島、2003)。

このようなそれぞれの辞書的定義を比較してみると、共通するのは「集団に対する働きかけ」「目的・計画が必要であること」「それらの目的・計画に沿って効果的に組織運営を行うこと」といった点が挙げられており、学級経営を考える場合にこれらの項目が重要であると考えられる。次に、これらの共通部分について効果的に運営するために必要となるであろう基本的な考えについて検討する。

B 学級経営を支える基本的知識

学級経営を考える場合の基礎的知識として、児童生徒の理解を学級の中で進めていくということは大切なことである。彼らの実態を把握することは、目の前の児童生徒の情報だけではなく、他分野の知識の力も借りることによって、より確実な理解にたどり着くことができるのではないかと考えられる。たとえば、対象となる児童生徒の個人的な発達の様相を、発達心理学の研究結果と比較して、どのような発達過程として捉えれば良いか等といった点が明らかになれば、より専門的な知見を加味して的確な判断を下すことができると予測される。このようなことから、児童生徒についての心理学的知識・知見が必要とされる可能性は高く、その点を踏まえて、以下に心理学の中で、学級経営を考える場合に関連の深い分野について簡

単に紹介を行うこととする。

[1] 教育心理学的知見

　教育心理学は、人間の発達時期として、乳児期から青年期を中心として取り上げ、その時期の私たちの心の働き、特に知能発達や個々人の人格形成などと教育についての関係を研究している。さらに、実際の教育過程で起こるさまざまな現象についても、心理学的知見をもとにその教育課程の効果や問題点などを明らかにし、効果的な教育の方法や実践について検討することが可能になると考えられる。このことから教育の基礎的な知識に相当する知見として捉えられることがある。また、これらの心理学知識を実際の教育実践に応用することも考えられている。

[2] 発達心理学的知見

　発達心理学は、年齢とともに変化していく私たち自身について心理学的に検討することを目的としている。人間はその誕生から発達を続けていくことが知られているが、現在の発達心理学は、乳幼児期から児童期、青年期、成人期、老年期といった人間の生涯を通じてその変化の過程を研究対象にしている。学級経営を検討する場合は、学齢期が対象になるため、比較的初期の部分が対象となると考えられる。

[3] 学習心理学的知見

　人間の行動の中ではさまざまな行動を考えることができるが、経験により行動が変化していくことがよく観察される。そのような行動の変化については学習行動と考えられ検討されている。学習によって行動が変化・変容することによって人間は生活に必要な適応的な行動を学習することができると考えられており、人間を理解するという目的のためには学習という事態が非常に重要になってくると理解される。

[4] 社会心理学的知見

　人間は個人個人がばらばらに存在しているときの行動と、個人個人が集団としてまとまって存在しているときの行動では、行動の内容に変化が生

ずることが知られている。それらの行動を集団行動と集団の中での個人の行動といったような観点から検討する。また、これらの知識から集団に関連する行動の反応様式、個々人の人格などの点からも考察を加えることができる。

[5] 認知心理学的知見

認知心理学は、人間の行動の中でも比較的高次な機能、具体的には、記憶、思考推論、問題解決などを研究している。特に人間がなぜ知識を理解できるのか、どのように考えればわかりやすく説明できるかなどの点については、具体的に教科指導などに役立つ観点から近年検討が進んでいる。

[6] 臨床心理学的知見

臨床心理学は、主に精神的な病気や精神的な問題、環境に対しての不適応行動などの人間行動に対して、その行動について援助を行う、改善の方向性を示す、予防的な措置を行う、精神的・心理的健康回復の促進等の研究がなされている。学級経営の中で直接関連する部分は少ないかもしれないが、最近の発達障害やその疑いのある児童生徒などの増加や、学校と他の社会資源との連携という流れの中では、重要な位置を占めると考えられている。

C 具体的な学級経営

[1] 学級経営とそれを支える考え方

初めに学級経営の定義といった部分から学級経営を検討した。ここでは、これらの用語的定義を参考にして、具体的な学級経営を行う場合に必要と考えられる諸点について検討する。

(1) 学習指導

具体的な学級経営について、まず学習指導という観点から検討する。学級は児童生徒にとって学習を行う場の中心であることはいうまでもないことである。しかし、効果的に学習を進めるには、いくつか注意点がある。

①児童生徒を理解する

教師が児童生徒を指導する場合、学級の構成員である児童生徒を理解す

ることが重要である。たとえば、学級の一人ひとりを理解することについて具体的に考えてみる。近年の少子化の影響を受けて、1学級当たりの人数は減少傾向にあることが明らかである。しかし、極端な環境でない限り1学級当たり生徒の人数は複数であることが多いと考えられる。このような複数の児童生徒から構成される学級集団を捉えてみると、その構成員である、1人の児童生徒について、彼らの様子（日々の授業中の行動・休み時間、放課後の行動・学級の中での関わり）を観察することを通じ、少しずつ情報を集めていくことによって対象の児童生徒についての理解を進めていくということは可能であろう。

また、児童生徒の態度や感情にはそれぞれ個人差があるので、学習についての興味・関心といった点についても、彼らの個人差を理解したうえでの指導が望まれる。一方で、学習指導を行うときに、慣れない教師は児童生徒の個人差を忘れ、画一的な指導を行ってしまう可能性が高いことが考えられる。それは経験不足や、時間的な制約などから仕方ない部分もあるかもしれないが、このことが児童生徒の学習への取り組み方のさまざまな面に影響を与えている可能性にも教師として配慮する必要があろう。

学習指導には魅力的な授業展開が必要であるとの考え方は大切であり、そのための準備なども必要であるが、それを支える環境として、教師と児童生徒との関係の構築という部分が、授業展開の中では影響を与える可能性は高い。

②学習行動の習慣化

学習指導を進めるにあたり、児童生徒が学習行動をどのように習慣化していくかということも問題になると考えられる。学習の習慣ができている児童生徒であれば、教師が授業を進めていくことと併せて、その学習した内容について、必要があれば予習や復習が問題なく行えるだろう。しかしその一方で、学習の習慣化がなされていない児童生徒については、予習、復習等の学習行動を自ら行うことは困難である場合が多い。そのような児童生徒に対しては、日常の学習活動つまり授業を通じて学習行動の習慣化を促すことや、それらの児童生徒の保護者などとの連携を通じてそのような学習習慣を徐々に作り上げていくことが必要となる可能性が高い。

③**学習行動と集団**

　たとえ児童生徒個人について理解を深めていったとしても、先に述べたように学級は児童生徒の集団で構成されているため、その中での児童生徒の理解は、個人である場合と集団である場合には明らかに異なった心理過程を経ることが多いと考えられる。一方、学級の中に集団が形成されることは、新たな学習指導を進める重要なきっかけともなりうる。それは、集団活動を通じて、個人個人では経験したり学習したりすることのない体験に出会う可能性が高くなると予測される。たとえば、個人個人はあまりまじめな児童生徒ではなかったかもしれないが、何らかのきっかけで、まじめに学習に取り組む集団に変化していくことも考えられる。もちろん、このようなポジティブ体験ばかりでなく、生徒・児童は集団の中でネガティヴな体験も味わう可能性もあると推察される。これらのことも含めて、学習指導は個人指導だけにとどまらないことが多い。つまり、学級は集団を構成しているので、児童生徒個人を指導するだけではなく、それぞれの個人が属しているさまざまな集団に向けて、学習指導を行っていくことも重要になるであろう。

(2) 生活・生徒指導

　(1)でも示したように、学級は児童生徒の集団からなっているが、それぞれの実情をより具体的に把握することが生活・生徒指導の基礎であると考えられる。

①**学校組織の特徴と生活・生徒指導**

　生活・生徒指導について検討する場合、学校組織の特徴について、時間軸がはっきりしていることは注目して良い部分である。入学・卒業から始まって、学期の開始・終了、毎日の始業・終業・授業の開始・終了というように、時間の区分がはっきりしていることが、学校・学級にとっては重要であると考えられる。そして、この観点から検討すると、児童生徒同様、教師も時間の軸からは逃れられない。もちろん教師は、さまざまな理由で児童生徒よりも多くの役割を学校や学級で行っているが、可能な限り学校の時間割に定められた時間的スケジュールに合わせ、児童生徒と直接的にふれあう時間を増加させることが望ましい。このことは、教師自身もそのような習慣を身につけることによって、時間を有効に活用できるような習

慣づけを確立することが望ましいと考えられる。

②集団と個人との関係

　たとえば、ある児童生徒が個人的に時間の制約に従って行動しようとしているときに、その生徒が属している集団（学級・学級内集団）が、それらの制約を破っている場合、その児童生徒はそれらの集団の中でかなり厳しい立場に立たされる可能性もあると推察される。

　そこで、集団で行動するときには、集団と個人の関係を明確にするために、約束（ルール）を設定することが必要となってくる。もちろんこの約束（ルール）については、①人間として守らなければならない約束（ルール）、②集団生活（学校・学級）での行動・活動を円滑にするための約束（ルール）、③児童生徒が自ら作り出していく約束（ルール）などというように、約束（ルール）の遵守の程度は異なるが、集団としてそれらの約束（ルール）を守っていくことの大切さと、それらの約束（ルール）を守ることによって、結果的には集団での活動が適切で効率的な活動ができるという経験を児童生徒が体験することによって、このような約束（ルール）を守ろうとするという規範意識が児童生徒個人に醸成される可能性を考えることは重要である。

　また、その一方で、児童生徒が集団の中に埋没しないような手立てを考える必要もある。児童生徒個人の力は、ある意味集団の力の前には無力である場合も少なくない。その時、児童生徒個人の中で自らのやりたいことややるべきこと、目標が決まっており、それらの中身について、ある程度属している集団と共有されている場合は、個人が集団の中に埋没する可能性は多少減少するのではないかと推察される。さらに、それぞれの目標が学校全体の目標やクラス全体の目標と整合性があるように共有されれば、クラス全体や全校の意識の変化につながることも期待される。

(3) 学級経営を構成する環境

　学級は、大きく分けると2つの環境から構成されている。1つは主に人的な環境であり、これは児童生徒、教師、また児童生徒たちの保護者という要素から構成され、もう1つは教室などの物理的環境から構成されていると考えられる。これまでは人的環境を中心に検討を加えてきたので、ここでは物理的環境について検討することとする。

　学級環境として、児童生徒が過ごす時間が長いそれぞれの教室環境につ

いて、その環境整備を行うことは、とても大切なことだと考えられる。

それらの学級環境については、安心できて安全である環境であることが望ましい。特に児童生徒たちが主に活動することの多い学級の教室では、彼らの安全安心を守ることが重要になってくる。しかし、細かく考えていくと、安全という部分と安心という部分は少し異なっている。安全については、たとえば、教室の中に危険な場所はないか、児童生徒が怪我をしないように危険な物が落ちていないかなど、彼らに怪我をさせない、健康に留意するために必要な基準も設けられている。それらの基準については、学校環境衛生基準が文部科学省（文部科学省、2009）によって定められている。

学校環境衛生基準は、教室等の環境にかかる学校環境衛生基準をはじめとして、飲料水等の水質および施設・設備にかかる学校環境衛生基準、学校の清潔、ネズミ、衛生害虫等および教室等の備品にかかる学校環境衛生基準、水泳プールにかかる学校環境衛生基準等が定められており、さらにそれらの基準の達成状況を調査するために、検査項目ごとに測定方法および検査回数を定めている。また、教室環境を整備するためには具体的には、換気、温度、湿度、採光、照明、騒音等の環境について基準が設定されており、この基準の遵守が求められている。以下に学校衛生基準の抜粋を挙げる。

(1) 換気　換気の基準として、二酸化炭素は、1500 ppm 以下であることが望ましい。
(2) 温度　10℃以上、30℃以下であることが望ましい。
(3) 相対湿度　30% 以上、80% 以下であることが望ましい。
(10) 照度
(ア) 教室及びそれに準ずる場所の照度の下限値は、300 lx（ルクス）とする。また、教室及び黒板の照度は、500 lx 以上であることが望ましい。
(イ) 教室及び黒板のそれぞれの最大照度と最小照度の比は、20：1 を超えないこと。また、10：1 を超えないことが望ましい。
(ウ) コンピュータ教室等の机上の照度は、500〜1000 lx 程度が望ましい。
(エ) テレビやコンピュータ等の画面の垂直面照度は、100〜500 lx 程度が望ましい。
(オ) その他の場所における照度は、工業標準化法（昭和 24 年法律第 185 号）

> に基づく日本工業規格（以下「日本工業規格」という。）Z9110に規定する学校施設の人工照明の照度基準に適合すること。
> (11) まぶしさ
> (ア) 児童生徒等から見て、黒板の外側15°以内の範囲に輝きの強い光源（昼光の場合は窓）がないこと。
> (イ) 見え方を妨害するような光沢が、黒板面及び机上面にないこと。
> (ウ) 見え方を妨害するような電灯や明るい窓等が、テレビ及びコンピュータ等の画面に映じていないこと。
> (12) 騒音レベル　教室内の等価騒音レベルは、窓を閉じているときはLAeq50dB（デシベル）以下、窓を開けているときはLAeq55dB以下であることが望ましい。

（文部科学省、2009）

　一方安心という部分では、児童生徒が精神的に安定していられる場所であることや、居やすい場所・居たいと思う場所、であることが大切になってくる。また、彼らの年齢によっては、上述した環境の維持について、教師が検討するだけでなく、児童生徒とともに考えることも教育活動の一環として取り上げることもできよう。このような関わりを創っていくことが教育的観点から重要であるとも考えられる。

　そして、このようにして整えた学級環境は、家庭（保護者）との連携を強化する場合にも重要な役割を果たす可能性がある。環境の整備された教室に授業参観という形で保護者を招くことができれば、学校や教師の教育への取り組みについて、直接・間接的に保護者へ情報を提示することになると考えられる。さらに、これらの状況について、記録を残しそれを保護者と共有することも有効ではないかと考えられる。

　また、ほとんど児童生徒には明らかになることはないが、教師には学校関係の事務的な環境も存在する。書類の作成や保管なども重要な作業であり、これら事務作業の正確さや迅速さも求められる。

[2] 学級経営の実際とその考え方

　学級経営を行っていくためには、教師としての基本的な動作（身体的な動き・声の出し方）など、コミュニケーションを行うための基本的な教育技術

や、それらの動作を組み合わせて、児童生徒の問題に対処する技術などが考えられる。それら技術的側面についてすべて網羅することは初学者にとっては中々難しい。もちろん、ベテランの教師が彼らの体験から学級経営を支える諸点を洗い出してまとめ、初学者の役に立つように工夫された情報（書籍・ホームページ等）は数多くある。一方で、初学者にとっては、学級をどのように動かして良いかがわからないなど疑問だらけの中で、試行錯誤で教育活動を続けていく可能性は高く、この観点から考えればやはりすぐに役立つ知識を得ることは重要であるとも考えられる。

　しかし、学級が置かれている状況に違いはあっても、その状況の中で、共通した対処・対応の方略や示唆を見つけていくという考え方をとっていく立場もあろうと考えられる。その際に役立つのが、経営的な視点であり、具体的には、計画を立て（P）、実行し（D）、計画と実行の間を点検し・調査・確認・照合し（C）、次なる目標へつなげて行動を起こしていく（A）といった営み（PDCA）を続けていくことが重要であると考えられている。このようなサイクルの中で、学級の中の事実を少しずつでよいので、可能な限り変化させて検討してみる。すると、そこで計画や実行するうえでの問題点が見えて来る可能性もあると考えられる。またその意味で、学級経営案を作成することは重要であると推察される。なぜなら、学級担任に示されている学校教育目標は、児童・目指すべき姿を示したもので、生徒のそのままでは具体性を欠いていることが多い。学級の状態を一番知っている学級担任が自ら学級の様子を把握し、その学級の状況を踏まえ、学校教育目標の具現化に向けた学級の目標を具体的に設定し、その部分を起点として、PDCAのサイクルについて考えていくことが必要となる可能性が高いと考えられる。また、多面的で複雑な問題が多く山積する学級経営について、学級の目標を定め、PDCAのサイクルを実行すると同時に、2つの視点を加えていくことが大切ではないかと考えられる。1つは時間軸という視点を考えてみる。学校が存在する以上、時間軸は止まることはなく、常に動き続け、1年間のサイクルを繰り返して進んでいく。具体的には、入学式から始まって（過年次生の場合は始業式）、3学期制の学校であれば、各学期が時間の進行によって進んでいくことになる。また、もう一方の軸は教師として、その時点で知り得ている学級やその構成員に関する情報につい

ての視点を考えることができる。教師は、これら2つの視点を組み合わせ、その交点にあたる部分で、教育目標を確認しながら先程示したPDCAのサイクルを実行することを意図してみる。そうすることで、それぞれの交点でのクラスの状態をより深く検討し比較することができるのではないかと推察される。そこで生じる見方・考えは教師が学級経営を考える場合、意味のある体験として検討していく可能性が高いと予想される。

D 学級経営と教師
[1] 学級経営と教師
　学級経営の内容については前節で具体的になってきたと考えられる。一方で、学級経営を行っているのは誰か、つまり当事者として児童生徒とともに関わっている人物(教師)について考えてみることも必要である。そこで、ここでは、学級経営を行う教師に視点を当てて論じていくこととする。

[2] 教師の役割
　学級経営を行う当事者である教師は、どのような役割を担っているのであろうか。学級経営の考え方は、前節でさまざまな視点があることが理解されるであろう。しかし、それら学級経営を実際に当事者として行う教師、という役割については明確でない部分もある。
　学級経営を実質的に行っている教師の立場からすると、チームティーチングでなければ、学級は1人の教師が担当する・あるいは主に担当することが多い、つまり個人(担当者)の中で必要に応じてさまざまな立場に立って、教師という役割についてどれだけ考えられるか、という点が重要であろう。また、教職課程に在籍する学生の保護者が教師を生業としていた家庭であれば、どのような役割が教師にあるのかは、子どもとして体験的に理解する可能性は高くなるかもしれないが、現実的には、そのような家庭で育ってきた学生ばかりというわけにはいかないであろう。そこで、まず教師がどのような役割を持っているかということについて、具体的に検討してみることとする。下村・天笠・成田 (1994) によれば、教師の役割は、以下の9種類に分類することができるとしている。

(1) 学習指導者しての教師

児童生徒の学習指導者としての役割を細分化していくと、主に教科についての指導・領域についての指導・総合的な時間の指導といった部分が示される。各教科指導として考えることは、確実な知識を児童生徒が身につけることができるように指導していくことである。そのためには、既に述べたように児童生徒の特性を十分把握する必要がある。また、知識を身につけるだけではなく、人間関係についても理解を深め信頼関係や愛情といったより多面的な捉え方ができるように、領域についての指導を重視して行うことが、彼らに対する学習指導を豊かにするために必要であろう。

(2) 保護者、援助者としての教師

実際には、教師は、児童生徒にとって実の保護者ではない。しかし学校現場では、実の親と類似した保護的・援助的な役割を行うことも求められるであろう。

また援助者として、児童生徒に対して彼らの行動を援助する役割を考えることができる。

(3) 管理監督者としての教師

教師は役割として、児童生徒の行動を管理することが求められる。児童生徒の学校での行動には一定の規律が求められるため、教師はそれらの規律に従って管理監督することが求められる。また、現実的には児童生徒は未成年であることから、成年である教師が児童生徒の行動を監督する役割で関わることが求められる。

(4) 文化の体現者、価値の顕現者としての教師

教師の役割として、その存在が文化的な存在として位置づけられることがある。また、さまざまな形で児童生徒に価値を示すことができると考えられる。

(5) 研究者としての教師

教師として主体的に教育を行うために、自分自身の知識・技術について常に最新の情報に触れることを通じて、自らの教育実践についての研究を行ない、その効果を検討する必要があると考えられる。

(6) 学校教職員としての教師

教師として、学校教職員集団（組織）を構成している教職員の一員としての役割を担っていると考えられる。

(7) 教育公務員、教育労働者、職業人としての教師

教師として、1人の職業を持つ職業人・労働者としての役割も持っている。教師自身の個人的な生活もあり、職業人としての生き方も問われることとなる。

(8) 社会教育者としての教師

教師も社会の中での職業人である。教育者として社会に対して積極的に関わりを持ち、学校を中心とした社会教育についてその活動を推進する役割がある。

(9) 社会人、家庭生活者としての教師

教師も1人の社会人としての役割を持っている。また家庭を築き、次世代につながる人材を育成することも、個人的に求められる役割となる。また、家庭の中のさまざまな役割も体験する。

これらに示された役割を1人の教師が行っていることになる。そして、多くの場合これらの役割は教師が自覚することなく、整然と彼らの行動の中に組み込まれていく。もちろん初任者といわれる教師も、学校現場ではベテラン教師と同じように、これらの役割を遂行することが求められることが多い。これらの役割については、直接生徒との関係の中で生ずる役割や、教師同士や生徒との関係ではなく、保護者と教師との関係の中で生ずる役割など、さまざまな場面で役割を体験することになる。もちろん学生諸君はすべての役割を体験することは無理であろうが、少なくとも、教育実習で児童生徒と関わる場合に生ずる生徒と教師の役割については、何らかの形で体験することが望ましいと考えられる。もちろん現状でも、学生である以上は、大学教員と学生という（教師─生徒）関係は体験しているはずであるが、いざ自分が教師側の立場に立つということはどのようなことになるかという部分で、特に意識的にその体験を考えるということは中々難しいであろう。家庭教師や塾講師のアルバイトなどを体験している学生諸君は、擬似的に体験していると考えてみても良いだろう。しかし先程述べた当事者としての心構えという観点から検討すると、それらの体験と実

際の教育実習の体験では若干の体験の乖離が生ずると考えられる。

2 学級経営とロール・プレイング

A ロール・プレイングとは何か
[1] ロール・プレイングという言葉
　ロール・プレイングという言葉については、趣味が豊富な学生諸君はどこかで聞いた可能性が高いであろう。ロールプレイングゲーム (RPG) という言葉と関連があると考える場合もあるかもしれないが、本稿で記しているロール・プレイングについては、ゲームというわけではなく、心理学、特に臨床心理学・精神医学領域で使われている技法としてのサイコドラマ・心理劇の中で用いられている用語のことを指している。

[2] ロール・プレイングについて
　まず、ロール・プレイングについて説明する。ロールとは役割のことである。役割とは、一般的な意味としては、①役目を割り当てること、また、割り当てられた役目や、②社会生活において、その人の地位や職務に応じて期待され、あるいは遂行しているはたらきや役目といった意味であることが記されている（大辞泉、2012）。また、プレイングのプレイとは、①遊ぶこと。遊び。②競技すること。また、その一つ一つの動きや技。③演劇。戯曲。また、上演。④演技。演奏（大辞泉、2012）。などといった意味が示されている。そこで、ロール・プレイングとは個々人が持っている役割について、遊ぶ・楽しむという意味であると考えられる。
　このような、役割を遊ぶ・楽しむ（ロール・プレイング）といったことを具体的に考えてみたい。たとえば、学級の中で観察される役割としては、複数の児童生徒が場所や時間を共有している中で、自然発生的に生まれてくる役割が考えられる。そこでは、それまで続いてきた人間関係（地縁・経験）を反映した役割を行う可能性が高い。一方で学校・学級という場所には、その集団をまとめるための役割や、その集団が機能的に働くようにするた

めに必要な役割という部分も必要となってくると考えられる。このような役割の中にロール・プレイングが存在すると考えられるだろうか。

そこで、このような役割についてもう少し詳細に検討するための考え方として、ロール・プレイングとして考えられるのは、役割を自発的・創造的に演ずることである、と指摘がなされている一方で、社会的に期待されていると考えられる、あるいは期待された役割をそのまま受け入れて実行することであることは、「ロール・テイキング（トレーニング）」と考えられている（外林、1981 を一部改変）。このことから、教師の役割という言葉と、具体的な教師の役割行動の中に、少し質の異なった役割としてのあり方が併存しているのではないかと考えられる。

しかし、日常の中で私たちがそれぞれの立場で役割を考え、実行していく過程では、それらの行動に問題が起きることはあまり多くないと予想される。その場合、私たちは役割という形にあまりこだわることなく、日常を過ごしていくことがほとんどではないかと考えられる。しかし、日常の中であってもひとたび問題が起これば、何らかの形で自らや他人の役割について考えることが必要になってくる可能性が高まるであろう。

B 学級経営とロール・プレイング、ロール・テイキングの関連性

学級経営を行っていくことは、教師個人としてさまざまな役割を考慮して行動することが必要になると考えられる。前節でも明らかにしたように、教師の役割は多種にわたっていることが示されている。そこで、次にこれらの役割をさまざまな立場として検討しながら、効果的な学級経営につなげることはできないかという点から検討を加える。たとえば、学級経営の中には生徒理解ということが求められていることは前述したが、この場合、生徒を理解するため、教師であっても生徒の役割ということを具体的にイメージしながら当該生徒の行動について検討を加えていく必要もあるのではないかと考えられる。

[1] 役割を考えるきっかけ

生徒の役割とはどのような役割だろうか？　学生諸君は現在その役割を、大学生として体験している。体験している生徒の役割について、具体的に

はどのような役割を挙げることができるだろうか？　話を聞く役割、発表する役割など、生徒の役割は多く存在すると考えられるが、その役割について、改めてその内容について1つひとつ考えることはあまりなされていないかもしれない。一方、教育実習で学生諸君は教師という役割を体験する。ところが、教育実習の体験の中で児童生徒の役割や気持ちになることは、通常自分が学生の役割をしていることは考えられても、実習中では難しかったと感想を述べる教育実習体験終了学生も多く見られる。このことから、教師の役割と児童生徒・学生の役割とを同時に考えることは難しいことが予測される。また、教育実習体験終了学生は、自らの教師役割の未熟さにも気づくことが多い。

[2] 役割のトレーニングとロール・テイキング（トレーニング）

　私たちが自ら教師の役割を考えるときに、その役割の練習つまりロール・テイキング（トレーニング）は重要になってくると考えられる。たとえば、授業中に声を出して話すことは教師として、重要な行動である。生徒に指導する場合や、学習指導をする場合にも、相手に対して情報がしっかり伝わらなければ、生徒はどうして良いかわからず混乱してしまう可能性が高くなる。ところがその場合、ただ大声を出せば良いというわけではないことは、実習時の教師役割を経験することによって理解されると考えられる。つまり、人に伝わる声ということの意味が考えられるようになるためには、たとえば児童生徒にとって大声で怒鳴られていると感じられてしまったら、どんなに大きな声が出せても、結果として教師としての意図が伝わらない可能性が高いことについて理解することが必要になる。その場合に、たとえば教室の中で、自分の声の大きさ・質や、その声がどのくらいまで届くのか、などということを知ることは、教師役割を考える場合には考慮すべきことであろう。

　また黒板に向かって字を書くこと（板書）は、現在の大学生にとっては昔ほど当たり前の体験でなくなっていると考えられる。普段から、電子媒体（コンピュータ・スマートフォン・携帯電話）を使う頻度が多くなっている学生諸君にとって、字を書く（ノートするという）ということ自体も、だんだん機会が少なくなってきている可能性は高い。しかし、一部の電子化された教室

を除いて、実際の教室では、黒板を使って情報伝達が行われていることもまた事実である。もちろん今後時代とともに情報伝達の媒体は変化していく可能性が高いことは明らかであるが、とりあえず現時点では、黒板を使う必要性が高いといわざるを得ない。そこで、板書する・書いた字は正しいか・書かれた字の書き順は合っているのか、といった点が授業の組み立て以前に生徒に与える影響という点から問題になる可能性は高いことが予想される。そこで、その点を練習する必要があると考えられる。幸い、学生諸君には大学の教師（教職課程）というある意味手本があるので、そのお手本から学ぶ・まねる、ということから始めて、実際に自分自身が黒板を使って情報の伝達の練習をする必要があるのではないだろうか。黒板にどのくらい書けば良いのか、どのタイミングで消すのかなど、細かいテクニック的なことも含めて、ロール・テイキング（トレーニング）をする必要があると考えられる。

[3] ロール・テイキングとロール・プレイング

　これらの自分を知るためのロール・テイキング（トレーニング）は、現在ロール・プレイングという名称で行われていることが多いことがわかっている。しかし、先に示した例のように正しい答えや、正しさの割合が高い行動が決まっている場合も多いので、その役割を練習して習得する場合が多い場合は、ロール・プレイングということとは少し意味が異なってくる。その意味で、ロール・テイキング（トレーニング）という形で、行動の練習を行い、その行動を修得し、修得した1つひとつの行動を組み合わせ、さらに複雑な行動で、ある程度決まりのある・または正解のわかりやすい行動をとっていくことが、教師を養成するなかで必要なのではないかと考えられる。

　実際、教育実習については、教師の役割行動について自身が体験し、役割を創造するという意味で、ロール・プレイングとして考えられているが、学生の立場で考えてみると、プレイング（楽しみ）というわけにはいかず、ロール・テイキング（トレーニング）ではないかという意見が教育実習体験者の学生からかなりの割合で寄せられることが多いのが現状ではないだろうか。もちろん限定された教育実習期間の中で、時間的な短さといった部

分も可能性としては考えられるが、それ以外にもプレイング（楽しみ）になりづらい要素が考えられる。多くの大学では模擬授業体験なども行っており、その中でも授業についての講評や改善点などが指摘されている。かなりの時間を割いて、これらの体験を積んでも中々プレイング（楽しみ）にならないのはなぜだろうか。そこには、学生諸君が当事者としての意識が不足している状態で、実習や講義が行われている可能性が考えられる。教師役割についてのイメージが若干希薄な学生諸君にとって、模擬授業や教育実習時の体験はなかなかロール・プレイングに結び付かない可能性が高いことが推察される。教師の役割意識を育てるためにはどのように考えていけば良いのだろうか？

　そのためには、実際の教育技術について、多くの体験を積むことが必要になると考えられる。場合によっては、反復練習をする必要があるかもしれない（ロール・テイキング〔トレーニング〕）。なぜなら教育技術には正しさ、正解があることが多く、技術として正しさを追求する必要がある可能性が高い。

　その一方で、必要な技術がある程度使いこなせるようになり、またそれらの技術を組み合わせてさらに複雑な技術・行動につなげることができるようになった場合ではそれで終結ではなく、そこからが、ロール・プレイングに近づいていくことができると考えられる。つまり必要な技術や技術を組み合わせた行動が可能になったことから、その後の行動によりその教師らしさ、つまり当事者らしさを発揮できるのではないかと考えることができる。学級経営を支える教育技術をロール・テイキング（トレーニング）で磨くことを続けながら、自分なりの個性を考えて自由に振る舞うロール・プレイングの世界に入っていくことができれば、学級経営もより魅力的な捉え方ができると考えられる。

トピック　ロール・プレイング

　本文中でも触れているが、ロール・プレイングとは、役割での自発的遊びということができる。ロールには、役・役割・任務・役目・本務、等の意味があり、プレイングには、遊ぶ・楽しむ・自ら自発的に行う、といった意味がある。

　私たちの行動はいろいろな役割（ロール）が集まったものと考えることが可能である。このロール（役割）については、1つは生物学的役割といわれる役割が示されており、生得的な役割である可能性が考えられる。たとえば、女性や男性、等の役割であるとされている。もう1つは、社会的な役割といわれるもので、社会生活の中で必要とされている役割として考えられている。たとえば、保護者・子ども・生徒・教師といった役割がある。それらの社会的な役割については、それぞれの関係（関わり）の中で役割が構築されることが考えられる。またさらに、創造的な役割という部分が考えられており、自ら進んで楽しんで役割を関係の中から創り出すことが可能であるとされる。そしてこれらの役割行動と同時に、感情的な変化も起きていると考えられる。

　このように役割を自ら自発的に行う、また自発性を高めることによって、役割をより楽しむことが可能になることが理解できる。その反対に決められた行動を行わなくてはならない場合は、自発性が低下することが予測される。つまり、自発性が高く創造性が高まった状態がロール・プレイングであると考えることができる。一方、本文中にも説明した、ロール・テイキング（トレーニング）については、ロール・プレイングを評価的視点で行った場合に、ロール・テイキング（トレーニング）となることが多いと考えられる。つまり、評価的視点が中心になると、役割の比較や、その良し悪しに注意が向くために、自発性が阻害される可能性があると推察される。しかしその反対に、一定の行動や役割がまだ未熟な場合、必要な知識を身につける必要があるためなどにはロール・テイキング（トレーニング）が有効であると予想される。

　一方で、このような実際のロール・プレイングの実施については、集団を扱う技法であることから危険を伴うことも多く、十分なロール・プレイング経験者の指導のもとで行うことが望ましいと考えられる。

引用文献

北村文夫（編）(2012). 玉川大学教職専門シリーズ　学級経営読本　玉川大学出版部
小島　宏（編）(2008). 教職研修総合特集. 読本シリーズ No. 180　新編　学級経営読本　教育開発研究所
今野喜清・新井郁男・児島邦宏（2003）. 新版　学校教育辞典　教育出版
松村　明（監）(2012). 大辞泉　小学館
文部科学省（2009）　文部科学省告示第六十号
下村哲夫・天笠　茂・成田國英（編著）(1994). 学級経営実践講座1　学級経営の基礎・基本　ぎょうせい
沢　正（1912）　學級経営　弘道館
外林大作（監）千葉ロール・プレイング研究会（編）(1981). 教育の現場におけるロール・プレイングの手引　誠信書房
吉本二郎・真野宮雄・宇留田敬一（編）(1980). 新教育を創造する学校経営⑥　人間味のある学年・学級経営　東京書籍

理解を深めるための参考文献

小島　宏（編）(2008). 教職研修総合特集. 読本シリーズ No. 180　新編　学級経営読本　教育開発研究所
文部科学省（2010）. 生徒指導提要　教育図書
外林大作（監）千葉ロール・プレイング研究会（編）(1981). 教育の現場におけるロール・プレイングの手引　誠信書房

知識を確認しよう

択一問題

(1) 下の文は学級経営と学校経営について述べたものである。文中の（　）の中に入る適切な言葉を下から選び、数字で答えなさい。ただし、同じ番号の（　）には同じ言葉が入るものとする。

[問題]

　学級経営の中で、クラスの学習を進めるために、教師は児童生徒の（　①　）についてまず構築しなければならない。また学習を進めるためには、学習における（　②　）を確立することが求められる。また、（　②　）を確立するための基礎となっているものの一つに（　③　）を大切にすることが必要である。

　（　①　）を構築するためには、学級経営と学習指導の他に学級経営と（　④　）や、学級経営と（　⑤　）を併せて実施していくことが大切になる。

[語群]

ア　講義　　　イ　時間割　　ウ　人生　　エ　人間関係
オ　基本的習慣　カ　時間　　　キ　道徳　　ク　生活指導
ケ　特別活動　コ　学級活動　サ　教育課程　シ　授業

(2) 次の①～⑤は学級経営について説明したものである。最も適切な組み合わせを次のア～オの中から1つ選びなさい

① 学級経営は子どもの健全な発達を促す生徒指導の充実につながっている。
② 学級経営は子どもの心の居場所を作ることが重要となってくる。
③ 学級の目標は、学校の目標を必ずしも尊重しなくても良い。
④ 学級経営は基本的に担任の責任として行い、地域などとの連携はあまり関係ない。
⑤ 教室環境を整えて子どもたちを安心させることは、学級経営を行う場

合に重要である。
ア × × ○ ○ ×　　イ ○ ○ × × ×
ウ ○ × ○ × ○　　エ ○ ○ × × ○
オ × ○ ○ ○

(3) 次の①〜⑤は学校の環境衛生について述べたものである。最も適切な組み合わせを次のア〜オの中から1つ選びなさい
① 学校の環境衛生基準は、それぞれの学校環境を配慮し、職場の長たる学校長の裁量に任されている。
② 学校の明るさの基準は、教室およびそれに準ずる場所の照度の下限値は300 lx（ルクス）とする。また、教室および黒板の照度は500 lx以上であることが、全国共通に定められている
③ 学校の騒音についての基準は、それぞれの学校環境を考慮し、学校が所属する地方自治体の基準に従って定められている
④ 学校の教室内の温度についての基準は、学校の立地条件には関係なく季節を考慮して異なっており、その差は20℃である。
⑤ 一定の水準に保っておくことが難しい喚起基準などは努力目標値として定めており、その値は二酸化炭素は、1500 ppm以下であることが望ましい。
　　ア ①②　　イ ①③　　ウ ②⑤　　エ ①⑤　　オ ②④

【論述問題】
(1) 学級担任としてのあなたは、どのような考え方で学級経営にあたっていきますか、教員としてのあなたの対応について述べなさい。
(2) 学校は子どもたちにとって「心の居場所」としての役割を担っているといわれています。あなたはこのことをどのように捉え、学級経営に活かしていくかについて述べなさい。
(3) 学級経営や学習指導の充実には、確かな児童生徒理解が不可欠といわれています。あなたが学級担任として、児童生徒をよりよく理解するための具体的取り組みについて述べなさい。

第8章 組織としての学校

キーワード

- 機能別組織
- マトリックス組織
- 協働的組織
- 組織風土
- ストレイン
- 事業別組織
- 個業性組織
- リーダーシップ
- ストレッサー
- バーンアウト

本章のポイント

　本章では、学校を1つの組織と捉え、まず学校を組織構造と組織風土の視点から考察する。学校に特有な組織の特徴として、個業性と協働化を取り上げる。

　次に、学校運営に欠かせないリーダーシップについて考察する。リーダーシップ機能に関するモデルとして、PM理論と変革型リーダーシップを取り上げ、校長など学校のリーダーの行動の影響と今後の学校組織に求められるリーダーシップについて考察する。

　さらに、教師のストレスについて、その原因と結果として生ずる身体疾患やバーンアウトについて考察する。教師のストレスの多くは組織的要因が原因になっていることについて言及する。

1 学校組織の構造

A 組織の構造

まず一般的な企業組織を想定してみよう。こうした組織の構造的な特徴は、部門化で表される。これは、組織がいくつかの部門に分かれることである。組織は、その規模が大きくなるに従って、多くの細かい部門に分かれていく。組織の部門化は、専門職能ごとに行われる場合と、組織の達成すべき成果目的に基づいて行われる場合がある。前者は機能別（あるいは職能別）組織、後者は事業部別組織と呼ばれている。また、機能別部門化と事業部別部門化が混合した組織をマトリックス組織と呼ぶ。

[1] 機能別組織

機能別（あるいは職能別）組織とは、全体に対して果たす機能に応じて部門化された組織のことである。各部門は専門職能によって形成される。たとえば、ある私立の学校法人が中学校、高等学校、および大学を経営していると想定してみよう。機能別組織では、各学校を担当する専門的な部門が学校行政に関わるすべてを担当する（図8-1）。人事部でいえば、中学校、高等学校、大学のすべての学校の教員採用に関わる課がある。管財部や広報部も同様に、すべての学校について課を備えている。

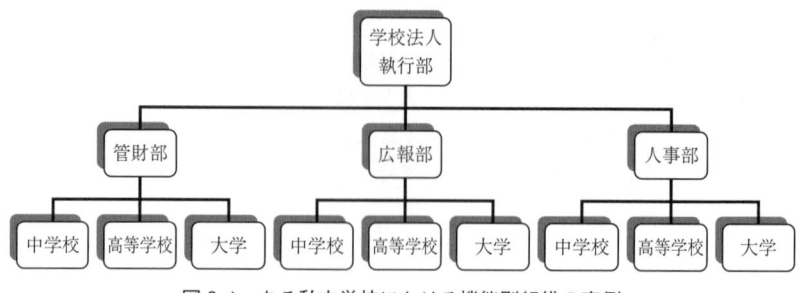

図8-1 ある私立学校における機能別組織の事例

[2] 事業部別組織

　事業部別組織は、独自の自主的な経営単位である事業部で構成されていて、各事業部は各種の学校行政機能を包括した権限を持っている（図8-2）。先の例でいえば、中学校、高等学校、大学の各学校が、それぞれ別個の学校法人のように自己完結的な機能を持っている。

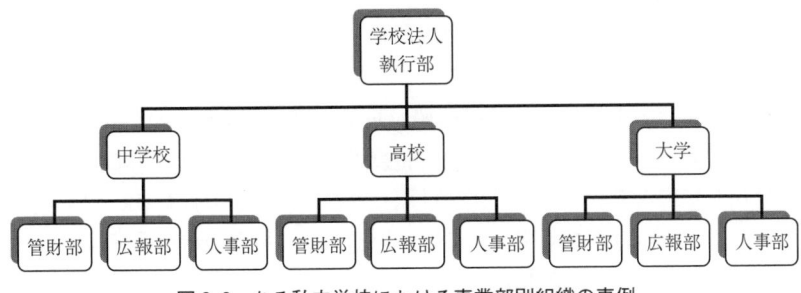

図8-2　ある私立学校における事業部別組織の事例

[3] マトリックス組織

　機能別の部門化と成果目的による部門化とを混合した組織形態を、マトリックス組織という。マトリックス組織の特徴は、機能別の権限と事業別の権限とが格子状になって、セクションを構成していることである（図8-3）。各セクションに所属している人は、機能部門の管理者と事業部門の管理者から二重の責任を負っている。したがって、この組織では管理者が多

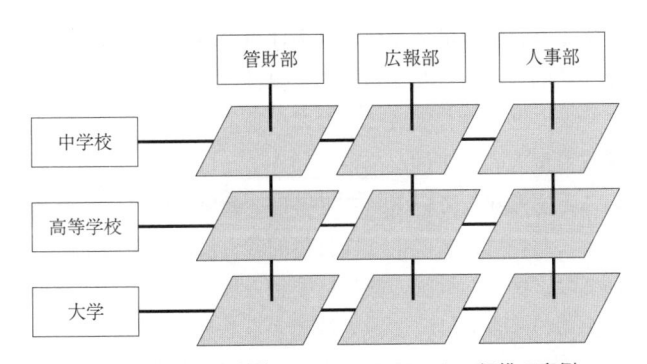

図8-3　ある私立学校におけるマトリックス組織の事例

くなるうえ、二重の命令系統を並列させなければならない。しかし、一方で学校経営の環境変化に対して敏感に反応できる組織形態でもある。一般的に、マトリックス組織は技術革新の変化の激しい業界に取り入れられやすいといわれる。

B 学校組織の特徴

　組織体としての学校は、一般の民間企業とは大きく異なる特徴を有している。民間企業の場合は、組織としての究極の目標は生産性の向上等による利潤の追求であって、それは明確に量的指標として捉えることができ、会計上の査定も容易である。また、組織の特徴の一つである「地位・役割の分化」が進んでおり、意思決定は限られた上部階層で行われ、個々の構成員の職務権限はかなり限られている。そして、職務の命令系統は縦に長くなる傾向にある（図8-4a）。
　一方、学校の場合には、人間形成を目指す教育目標が主流であるので、これは客観的・量的な指標で明確に捉えることが難しい。また、教育実践の遂行者としての教師の自由裁量が認められ、校長および教頭の管理職者以外は（原則として）相互に対等な地位にある（図8-4b）。

[1] 個業性組織としての学校

　堀内（1985）は、公立学校と私企業、地方自治体を比較し、それらの構成員の職務に関する特徴を整理している。それによれば、私企業では法的規則力が弱く組織の自律性は高いが、組織における構成員個人の自律性は弱い。言い換えると、管理職でない限り構成員の職務上の権限が少ない。学校組織では、法的規則力は強く組織の自律性は弱いが、構成員個人の自律性が高い。少なくとも教育実践者としての地位は、すべての構成員で対等である。構成員個人の自律性が高いということは、教師の職務における裁量性が高いことを意味している。たとえば、教師の職務で大きなウエイトを占める授業において、どのような具体的教育技法を用いるか、どう教えるかについては、個々の教師の裁量に委ねられている。そのため、教師の行動を学校全体の経営方針によって統制することが難しいといわれている（佐古、1996）。佐古（1996）は、このような各々の組織構成員の自律性の高い

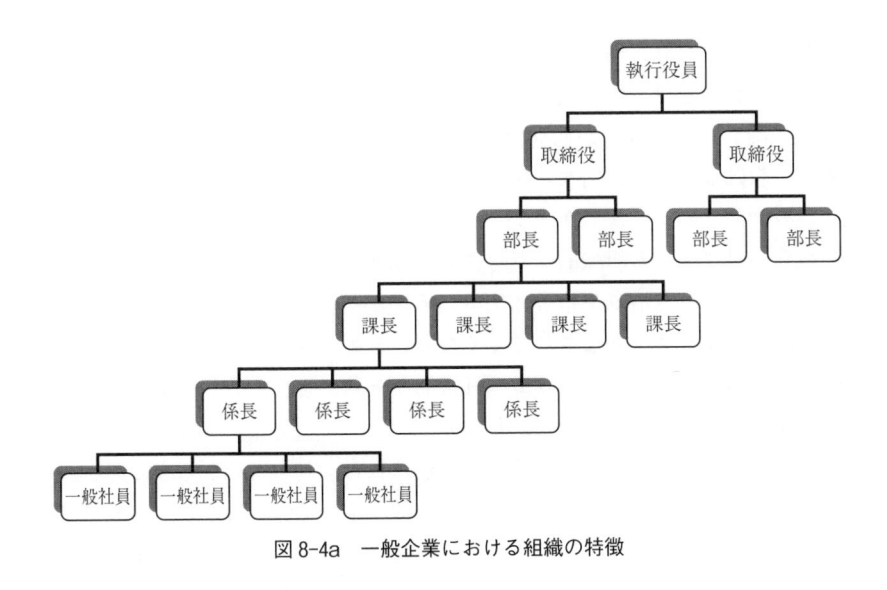

図8-4a　一般企業における組織の特徴

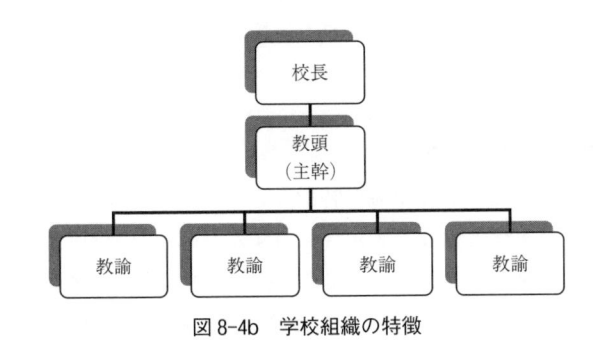

図8-4b　学校組織の特徴

組織を"個業性組織"と表現している。

　個業性は、児童生徒の教育課題が教師の経験や知識の範囲に収まっている場合には有効に機能する。しかし、個々の教師の力量では対応できない事態が生じた際には、個業性は脆弱である。たとえば、学校内でいじめ問題が起こった場合、いじめた児童生徒といじめられた児童生徒への対応、および彼らの両親への説明と対応だけでは済まされない。それが公になったときの事態の収拾には教育委員会への報告やマスメディアの取材にまで

応じることになり、当該クラスの担任一人では到底対応できない。校長を中心に、教諭をはじめ学校関係者全員の協力が欠かせない。教師同士の関わりに関しても、教師が個別分業的に教育活動を展開する学校組織では、各々の教師は自分が担当する授業や児童生徒の指導にかかりきりになるため、教師間でのコミュニケーションがなされにくくなる。その結果、学校の教育活動に関する組織的な意思決定も困難となり、児童生徒の実態に適合するような教育活動や指導体制への転換が難しくなる。教師間の実践的な知識の交流や共有もなされにくくなり、教師の成長を促す環境としてもうまく機能しない（佐古、2006a）。日常的な業務に必要とされる情報交換すらうまくいかない事態も生じかねない。

　さらに、学校組織は各々の教員が個別に教育活動を行いがちなため、組織的な教育活動が展開されにくく、統一的な学校経営方針が各々の教師に十分浸透せず、具現化されにくいという特徴を持っている。この事態を改善するための施策として、東京都では主幹職を設置し、階層的な組織構造や体制を整備することで統合化された組織への転換を促そうと試みている（東京都教育庁総務部教育情報課、2002）。

[2] 協働的組織としての学校

　個業性とは対照的な学校組織の特徴として、佐古（2006a）は"協働化"を挙げている。協働化とは「不確定性に対する対応を教師の個別裁量に委ねるだけでなく、間主体的な相互作用を活性化させ（すなわち集団的、組織的に）、不確定性をその都度縮減することを方略とする組織化傾向をさす（p.43）」（佐古、2006b）とされる。協働的組織の具体的なありようとしては、「他の教師の授業を気軽に参観できる」「学級経営の問題や改善点について、同僚の先生から率直な指摘や批判がなされる」「学校の教育目標や課題の作成の過程に、ほとんどすべての教師が、積極的に関わることができている」が挙げられる（佐古、2006b）。佐古（2006b）による調査結果によれば、協働化が進んでいる学校では、児童生徒や授業に対する教師の指導困難感が低いことが示唆されている。

2 学校の組織風土

A 組織風土とは何か

　組織や職場には、それぞれ曰く言い難い独特の「雰囲気」や「空気」を感じることがある。それは、組織や職場の持っている「個性」なのだが、それを具体的に記述して説明しようとするのは実に難しい。それはまるで、霧の中に含まれる水蒸気を集めるような、実にもどかしい思いのする作業である。だが、組織に独特の「個性」があることはたやすく了解されてしまうので、心理学ではこれらは組織文化とか組織風土として研究対象になっているのである。組織風土とは、「成文化されているわけではないが、多くの成員によって実感される、その組織の特徴的と考えられる思考様式や行動規範」(中島、1999)と定義されている。

B 組織風土の構成要素

　Litwin & Stringer (1968) によれば、組織風土を構成するのは6次元あり、それらは以下の通りである。
①**構造**　仕事の状況における制約、すなわちどれほど多くの規準、規則および手続きがあるかについて、組織の構成員が抱いている感情。
②**責任感**　すべての意思決定についてチェックを受けなくてもよいと感じる程度、すなわち自分が自分のボスであるという意識。
③**危険負担**　職務および作業環境での危険と挑戦の意識。
④**褒賞**　成績をあげた職務に対して報いられているという感情。すなわち、叱責や懲罰よりも褒賞の方が重視されているという意識。
⑤**温かさと支持**　組織内で広がっている有効な仲間意識と相互扶助の感情。
⑥**葛藤**　異なる見解あるいは葛藤を管理者が恐れていないという意識。すなわち、相互に意見の相違を解決することが重視されているという意識。
　日本での組織風土に関する研究では、関本・鎌形・山口 (2001) が組織風土の構成を以下の6つの次元で表した：①権威主義・責任回避、②自由闊達・開放的、③長期的・大局的志向、④柔軟性・創造性・独創性、⑤慎重性・綿密性、⑥成果主義・競争、⑦チームワークの阻害。関本ら (2001) に

よれば、②③④⑥は組織変革を推進するのにプラスに働き、①⑤⑦はマイナスに働くとされている。

C 学校風土

　民間企業にはその会社独特の個性があり、それを組織風土と呼ぶことがあるように、学校にもそれぞれ特有の個性が見られ、それはしばしば学校風土とか学校文化と呼ばれる。たとえば、キリスト教系のミッションスクールには、キリスト教義に基づく独特の校風があり、江戸時代後期から脈々と続く伝統校には、学校行事に古風な習慣が未だに残っていたりする。

　油布（1990）は教師を対象とした調査結果から、学校の文化的特徴を以下の4つに類型化した。

①**充実型**　学校運営に関する満足感が高く、職場での教職員間の交流が活発に行われている学校。
②**葛藤型**　学校運営に関する満足感が低いが、職場での教職員間の交流は活発な学校。
③**停滞型**　学校運営に不満があり、教職員相互の交流も少ない学校。
④**ぬるま湯型**　教職員間の交流は少ないが、学校運営に関する満足感は高い学校。

　松原・吉田・藤田・栗林・石田（1998）によれば、教師が積極的に校務に参加する風土のある学校では、教師の仕事への不適応感は低く、教師主導の学習指導が行われやすかった。

　さらに、よりミクロな視点から、学校を構成する学級の雰囲気や特徴を学級風土と呼ぶこともある（たとえば、伊藤・松井、2001）。

3　学校組織のリーダーシップ

A　リーダーシップとは何か

　われわれが日常何気なく使っている「リーダーシップ」であるが、心理学ではどう捉えられているのだろうか。一般的にいえば、集団や組織のリ

ーダーとなった人や高地位者が他の成員に何らかの影響力を行使すること
を指し、ここでのリーダーは1人であると想定していることが多い。定義
によれば、「集団の目標達成、および集団の維持・強化のために成員によっ
てとられる影響力行使の過程」(『心理学辞典』有斐閣)とされている。したが
って、リーダーシップとはある構成員が他の構成員に及ぼす影響力行使の
過程もしくはその結果であるといえるだろう。

　それではまず、日本で代表的なリーダーシップに関する2つのモデル
(PM理論、変革型リーダーシップ)を紹介する。

[1] PM理論

　日本において最も有名なリーダーシップモデルが、三隅 (1986) による
PM理論である。PM理論では、リーダーシップの機能はP機能とM機能
から構成される。P機能 (performance function：目標達成機能) は、集団の目標
を達成するための計画を立案したり、組織構成員に指示・命令を与えたり
するリーダーの行動や機能を指す。M機能 (maintenance function：集団維持機
能) は、集団のまとまりを維持・強化しようとするもので、組織構成員の立
場を理解したり、集団内に友好的な雰囲気を作り出したりする行動や機能
を指している。

　PM理論では、P機能とM機能の高・低によって4つのリーダーシップ・
スタイル (PM型、Pm型、pM型、pm型) に区分される (図8-5)。PM型はP
機能・M機能ともに高いリーダーシップ、Pm型 (あるいはP型) はP機能
だけが高いリーダーシップ、pM型 (あるいはM型) はM機能だけが高いリ
ーダーシップ、そしてpm型はP機能・M機能ともに低いリーダーシップ

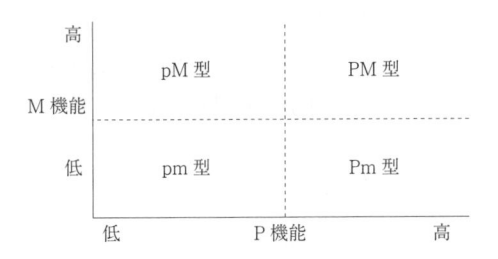

図8-5　PM理論によるリーダーシップ類型 (三隅、1986)

である。このモデルに基づく研究結果によれば、組織構成員の仕事への意欲や仕事への満足感は、PM型＞pM型＞Pm型＞pm型の順になった。いずれにしても、PM型リーダーシップが組織にとって最も効果的であることがわかる。

[2] 変革型リーダーシップ

変革型（transformational）リーダーシップとは、組織改革の文脈から出てきた概念で、提唱者はBass (1998) である。彼によれば、従来の多くのリーダーシップ論で対象となったのは、交流型（transactional）リーダーシップであり、これは経営意思の正確な把握と伝達、管轄部署の目標管理と実行、活動についての振り返りや総括を行うことを主としている。これに対して、リーダーが目指す目的に対して自らの意思で参加意識を高めることを促すのが、変革型リーダーシップである。

Bass & Avolio (1993) によれば、変革型リーダーシップは「4つのI（アイ）」から構成される。すなわち、①理想化された影響力（Idealized influence）：リーダーが信頼に足る人物で、ビジョンを達成できる能力があると多くの人に認識されていること。多くの人はそうしたリーダーに同一化しようとして、彼らの行動を見習う。②霊的な動機づけ（Inspirational motivation）：リーダーが多くの人々の感情に訴えるようなビジョンを掲げて、それを共有させるために意味づけを行って発憤させ、やる気を促すこと。③知的な刺激（Intellectual stimulation）：多くの人に対してリーダーがこれまでの考え方にどのような問題点があるかを指摘することによって、フォロアーの努力を革新的・創造的なものへと刺激すること。④個別配慮性（Individualized consideration）：リーダーがフォロアーに対して個別に助言するなどして個人的な成長を促すこと。

神谷 (2011) によれば、日本の職場においても、変革型リーダーシップのもとでは従業員のリーダーに対する満足感が高く、リーダーの管理するチームの業績も高かった。

B　校長および教頭のリーダーシップ

　学校教育法 37 条 4 項には、小学校において「校長は校務をつかさどり、所属職員を監督する」と規定さていることから、校長は学校における指揮・管理を行うことが定められている。また、学校教育法 37 条 7 項には、「教頭は、校長を助け、校務を整理し、及び必要に応じ児童の教育をつかさどる」とあり、さらに同条 8 項には「教頭は、校長に事故があるときはその職務を代理し、校長が欠けたときは校長の職務を行う」とある。

　これらの規定からすると、校長や教頭は教職員に対する指導的機能が求められるのはもちろんだが、児童生徒や彼ら/彼女らの保護者を含めた複合的な集団をリードしていかなければならない。

　学校のリーダーである校長や教頭は、組織の構成員である教師の支持をとりつけながら、適切なリーダーシップを発揮しなければならない。西山・淵上・迫田 (2009) によれば、学校長が変革型リーダーシップをとっているほど、学校組織のシステムの改善が促進されるが、交流型リーダーシップをとる学校長のもとでは、協働的な組織風土（皆が協力してより良い教育を目指す、等）の醸成がなされやすい。

C　教師のリーダーシップ

　教師は学級においてはリーダーとみなすことができ、特にそれは小学校において顕著である。教師の教育的指導によって、児童生徒の人格形成や知的発達は大きく促進される。日本においては、諸外国と同様に、教師のリーダーシップが児童生徒に及ぼす影響について多くの研究が行われてきた。

　たとえば佐藤 (1993) は、前述された PM 理論に基づいて、中学校の学級担任教師のリーダーシップが生徒に及ぼす影響を検討した。その結果、担任教師のリーダーシップが PM 型の場合に生徒のモラール[1]が高く、ついで M 型、P 型と続き、最も生徒のモラールが低かったのはリーダーシップが pm 型であることが見出された。また、いわゆる「学級崩壊」の状態にある（小学校の）学級では、担任教師のリーダーシップが PM 理論における P 機能もしくは M 機能の発揮が偏っていたり、両機能とも発揮できない（いわゆる pm 型）場合であることが報告されている（河村、1999）。

D これからの学校組織に求められるリーダーシップ

北神・水本・阿久津・浜田（1988）は、学校長に期待される役割の変化について以下の3点を指摘している。

①学校長には有能な教育者として知識や技能の指導・助言を行うだけではなく、学校組織運営のための経営者としての資質が求められる。

②学校長の役割が、教育行政の末端管理者として文部科学省や教育委員会などからの指示を一般の教師へ伝達し実行することから、調整者として学校内外の多様な意見を収集しながら一定の方向づけを行う方向へ変わっている。

③学校改革推進のリーダーとしての役割が求められるようになった。

最近の傾向として、公立学校においても各学校の自主性が限定的に認められるようになってきた。その結果、各学校の自主的な経営が行われていくのであるが、それに伴って学校への経営責任も問われることになる。学校の教育方針をはじめ、教育実践全般の最終的な意思決定者として、校長や教頭のリーダーシップはより重要となっていくと予想される。

さらに最近では、学校組織の管理職者にとどまらず、教師の中で「リーダー的役割」を担っているスクールリーダーにも注目が集まっている。スクールリーダーは、単に校長や教頭といった管理職者だけではなく、教科指導、学級経営、生徒指導など学校組織での分掌や、特別活動や部活動において十分な力量を備えている中堅教師が含まれている。こうしたスクールリーダーが学校組織の運営の変革の担い手（すなわち変革型リーダー）になりうるのかどうか、あるいは児童生徒の行動に及ぼす影響についても見逃せないだろう。

4 教師のストレス

文部科学省（2012）の統計データによれば、学校の教師の病気による休職者は平成22年の年間8,660名をピークに若干減少傾向にあるが、病気休職者に占める精神疾患者数の割合は、平成18年度に61.1%（4,675名）と6割

を超えて以来、その割合にあまり変化はみられない[2]。教師を取り巻くメンタルヘルスの問題は相変わらず深刻な状況にあるといえる。教師のメンタルヘルス悪化の原因は多岐にわたると思われるが、本節では学校組織に関わる問題を中心に論じてみたい。

A　ストレッサーとストレイン

ストレスという用語を世に広めたセリエによれば、ストレスとはストレスの原因に対応して生じる生体内部の歪んだ状態のことで、「非特異的に示される汎適応症候群」とされる（Selye, 1976）。

まず、本章ではストレスを2つに区分したい。すなわち、われわれの心と体の適応能力に課せられる要求をストレッサー（stressor）、その要求によって引き起こされる心と体の緊張状態をストレイン（strain）としたい。すなわち、心と体に疲れや病的な症状として現れるものをストレイン、その原因となる要因をストレッサーと言い換えてもよいだろう。

B　教師を取り巻くストレッサー

学校の教師はどのようなストレッサーに苛まれているのだろうか。教師のストレッサーにどのような種類があるかを考えてみよう。髙木・田中（2003）は、Cooper, Cooper, & Eaker（1988）の研究を参考にしながら、教師のストレッサーを「職場環境のストレッサー」「職務自体のストレッサー」の2領域に集約した。まず、職場環境のストレッサーは、多岐にわたっており、役割葛藤（たとえば、「上司（校長・教頭・主任・主事の先生方）から過剰に期待や要求をされることが多い」など）、同僚との関係（たとえば、「同僚や上司から責められることが多い」など）、組織風土（たとえば、「自分の学校や学年では、計画したことが能率よくこなすことができて働きやすい」など）、評価懸念（たとえば、「周りと比べて自分の能力不足を感じることが多い」など）の4因子から構成されている。次に、職務自体のストレッサーとは、職務における役割が曖昧であること（たとえば、「教師や学校の側からすれば、一方的と感じるような保護者や地域からの要求・苦情に対応することの負担が大きい」など）、実施困難な職務があること（たとえば、「児童生徒の学習指導でコミュニケーションや細かな指導を充実させることが困難である」など）の2因子から構成されている。やはり、教師のストレッサ

一の多くが学校組織の特性から生じていることが示唆されよう。
　また、学校組織においては校務の多忙さもストレッサーとなるだろう。教師自身が自覚しているストレッサーは、主として職場での時間的多忙さや仕事の煩雑さではないだろうか。特に最近の学校組織における教師の繁忙感は、「消耗と無力感の伴う多忙」(松浦、1997)であって、かつてのように、たとえ繁忙であってもやればやっただけ児童生徒との絆が強まっていくとは限らない。松浦（1997）は、こうした状況を「やりがいのない多忙」という言葉で表現した。
　ただ、こうした多忙さに対処することも困難である。山内・小林（2000）が指摘しているように、多くの教師にとって繁忙感の原因となっているのは、教育活動や児童生徒指導ではなく、書類作成、会計処理、あるいは備品管理といった庶務である。こうした「事務」から教師を解放するためには、組織レベルで対策を講じなければならない。
　さらに、教師という職業に潜在する特殊性もストレッサーが多くなる原因であるとする考え方もある(たとえば、田上・山本・田中、2004)。具体的には、教育現場では常に臨機応変な対応が求められ、職務のマニュアル化が困難であること、教師の仕事の範囲や責任領域が際限なく拡張されることが挙げられている。

C　ストレイン、教師のバーンアウト

　ストレッサーによって教師には何が引き起こされるのだろうか。まず、(ストレッサーによって生ずる)ストレインに相当するとみなされている諸症状にはどのようなものがあるのだろうか。渡辺（1989）によれば、職場でのストレインを①身体的反応、②心理的反応(たとえば、職務の不満感、意欲低下、うつ状態など)、③行動的反応(たとえば、欠勤、転職、大量の飲酒など)に区分している。身体的反応は、身体の症状として表れるもので、これが病的な症状になった場合には心身症と呼ばれることが多い。心身症とは「身体疾患の中で、その発症や経過に心理的要因が密接に関与し、器質的ないし、機能的障害が認められる病態をいう。ただし、神経症やうつ病など、他の精神障害に伴う身体症状は除外する」(日本心身医学会教育研修委員会、1991)と定義されている。心身症の対象となりうる疾患は多岐にわたるが、昨今特

話題になっている疾患として、冠動脈疾患、過換気症候群、慢性胃炎、自律神経失調症などが挙げられる。

さて、昨今では教師は過度な精神力と社会的責任が要求される傾向にあるが、こうしたことが要求される職種で働く人々には、バーンアウトといわれる現象が見られる。バーンアウトは精神科医のフロイデンバーガーが最初に使用した術語で、「燃え尽き症候群」とも呼ばれる。バーンアウトとは、過度な業務遂行によって精神的・身体的に疲弊し、消耗した状態を指す。バーンアウトを起こしやすい職種として当初から注目されていたのが、主として人を相手に仕事を行うヒューマンサービス従事者、特に看護師、ソーシャルワーカー、そして教師であった。落合（2003）によれば、バーンアウト研究が1970年代半ばに始まり1990年後半には研究数のうえでは衰退化する傾向を示しているものの、教師のバーンアウトやその関連研究はむしろ盛んになっている。

教師には、いわゆる「熱血教師」が世間でもてはやされているように、熱心に（あるときは個人の生活まで犠牲にしてまで）教育活動に取り組む理想的な姿勢が常に求められる。そうした社会通念による職務上の「要求水準」の高さが教師の働き過ぎを助長していることは間違いない。さらに、組織的要因として、前述された学校組織における個業性が挙げられる。日本では特に学級における教師の権限が認められていたり、『新人教師でも一人前扱い』される（落合、2003）。これらのことが教師に過大な責任を課すこととなり、「一人前扱い」されるが故に、他の教師に職務上の相談をすることを躊躇するようになる。おそらくこうした組織的要因が教師のバーンアウトの原因となるに違いない（例：貝川、2009）。

トピック　これからの学校組織についての心理学的研究

本章では、学校を組織の視点から捉えたのであるが、学校における心理学的な問題を組織的要因から捉えた研究は、（少なくとも日本には）あまり多くない。たとえば、日本教育心理学会第49回総会で発表された研究テーマのうち、社会心理学関連の研究内容（259件）に限ってみても、学校組織に関する発表は4件で、これは全体のわずか1.5%であった（越、2008）。

こうした現状はどうして生じているのだろうか。その理由として、学校

という研究対象は主として教育学や心理学あるいは社会学で扱われているが、こうした研究領域では学校の組織的要因に関心を持つ研究者が少ないことがある。その一方で、経済学や組織論をはじめとする経営学には学校経営を含めた学校の組織について関心を持つ研究者も少ない。両研究領域の研究者ともに、研究課題としての学校組織は「あっちの仕事」とみなしていたように思われる[3]。このせいで、結果的に学校組織は研究課題として取り残されたのではないだろうか。しかし、逆の見方をすれば、学校組織には未開拓な研究課題が多く、研究者にとっては魅力的であるといえる。

　最近の研究傾向として、学校組織における人間関係に関して、教職員の認知構造や学校現場でのミクロな組織プロセスに着目した研究が多くなってきている（淵上、2003）。たとえば、教職員の認知構造については、教師のエンパワーメントに焦点を当てた研究が注目される。エンパワーメントとは、「上に立つ者が下の者に権限を委譲することにより、従業員などの潜在能力を引き出し組織を活性化すること」（『新明解国語辞典第6版』三省堂）と説明されているように、一般的には企業活性化の文脈でしばしば用いられてきた用語であった。しかし、最近では学校組織研究においても術語として見出される。教師自身が「やれそうだ」という前向きな気持ちや信念を持ちづらい今日の教育現場にあって、教師のエンパワーメントをどうやって醸成するかは大きな課題となるだろう。

　さて、教育問題や教育改革の対象といえば、従来であれば教育制度や入学試験制度、教員養成といった論点ばかりに注目されがちであった。しかしながら、学校組織の改善改革にももう少し注目してもよいのではないだろうか。そしてこの問題を、教育学の研究者や教育評論家だけで論じるばかりではなく、経営学や心理学、さらに他の領域の研究者がもっと自由に研究課題として論じることができる相互交流の機会を増やしていくことが望まれる。

注）

1) 志気、あるいは士気とも訳され、「集団として積極的に仕事に向かおうとする態度あるいは意欲」（古畑・岡、2002）とされる。
2) 平成23年度の数値は、61.7%（5,274名）とわずかながら過去4年間の数値よりも減少してい

る。
3) 日本にも日本教育経営学会があるが、会員の大多数は教育学研究者か教育現場の教諭である。

引用文献

Bass, B. M. (1998). *Transformational leadership : Industrial, military, and educational impact.* NJ : Lawrence Erlbaum Associates.
Bass, B. M. & Avolio, B. J. (1993). *Improving organizational effectiveness : Through transformational leadership.* Sage Publications.
Cooper, C. L., Cooper, R. D., & Eaker, L. H. (1988). *Living with stress.* London : Penguin Health Library.
堀内　収（1985）．学校経営の機能と構造　明治図書．
淵上克義（2003）．学校組織研究に関する最新の研究動向（Ⅰ）――組織認知と相互作用的視点から――岡山大学教育学部研究集録，123, 179-194.
古畑和孝・岡　隆（編）（2002）．社会心理学小辞典〔増補版〕有斐閣．
伊藤亜矢子・松井　仁（2001）．学級風土質問紙の作成　教育心理学研究，49, 449-457.
貝川直子（2009）．学校組織特性とソーシャルサポートが教師バーンアウトに与える影響　パーソナリティ研究，17, 270-279.
神谷恵利子（2011）．チームの業績および組織コミットメントに影響を及ぼす変革型および交流型リーダーシップの有効性の検討　産業・組織心理学研究，25, 81-89.
河村茂雄（1999）．学級崩壊のプロセス――教師の指導行動・態度と学級の状態との関係――日本教育心理学会第41回総会発表論文集，527.
北神正行・水本徳明・阿久津浩・浜田博文（1988）．現代教育改革における学校の自己革新と校長のリーダーシップに関する実証的研究　筑波大学教育学系論集，13, 83-117.
越　良子（2008）．学級集団過程に関わる社会心理学の動向　教育心理学年報，47, 90-97.
Litwin, G. H. & Stringer, R. A. Jr. (1968). *Motivation and organizational climate.* Cambridge, MA : Harvard University Press.
（リットビン，G. H. & ストリンガー，R. A 占部都美・井尻昭夫（訳）（1974）．経営風土　白桃書房）
松原敏浩・吉田俊和・藤田達雄・栗林克匡・石田靖彦（1998）．管理職・主任層のリーダーシップが学校組織行動プロセスに及ぼす影響　実験社会心理学研究，38, 93-104.
松浦善満（1997）．私たちの求める教育改革――多忙化の克服と学校改革の課題――バーンアウト研究から　教育，47, 45-52.
三隅二不二（1986）．リーダーシップの科学――指導力の科学的診断法　講談社．
文部科学省（2012）．教職員のメンタルヘルス対策について（最終まとめ）概要（1/2）〈http://www.mext.go.jp/b_menu/shingi/chousa/shotou/_088/houkoku/1332639.htm〉（2013年3月29日）
中島義明（編集代表）（1999）．心理学辞典　有斐閣．
日本心身医学会教育研修委員会（1991）．心身医学の新しい診療指針　心身医学，31, 537-576.

西山久子・淵上克義・迫田裕子 (2009). 学校における教育相談活動の定着に影響を及ぼす諸要因の相互関連性に関する実証的研究　教育心理学研究, 57, 99-110.
落合美貴子 (2003). 教師バーンアウト研究の展望　教育心理学研究, 51, 351-364.
佐古秀一 (1996). 学校の組織的特性と教師　蘭　千壽・古城和敬（編）教師と教育集団の心理　対人行動学研究シリーズ 2　誠信書房　pp. 153-175.
佐古秀一 (2006a). 学校組織開発　篠原清昭（編著）スクールマネジメント――新しい学校経営の方法と実践　ミネルヴァ書房.
佐古秀一 (2006b). 学校組織の個業化が教育活動に及ぼす影響とその変革方略に関する実証的研究――個業化、協働化、統制化の比較を通して――鳴門教育大学研究紀要, 21, 41-54.
佐藤静一 (1993). 学級「集団」・生徒「個人」次元の学級担任教師の PM 式指導類型が生徒の学校モラールに及ぼす交互作用効果　実験社会心理学研究, 33, 52-59.
関本昌秀・鎌形みや子・山口祐子 (2001). 組織風土尺度作成の試み（Ⅰ）豊橋創造大学紀要, 5, 51-65.
Selye, H. (1976). *The stress of life.* revised edition. New York: McGraw-Hill.
（セリエ, H. 杉　靖三郎・田多井吉之介・藤井尚治・竹宮　隆（訳）(1988). 現代社会とストレス［原書改訂版］法政大学出版局）
田上不二夫・山本淳子・田中輝美 (2004). 教師のメンタルヘルスに関する研究とその課題　教育心理学年報, 43, 135-144.
髙木　亮・田中宏二 (2003). 教師の職業ストレッサーに関する研究――教師の職業ストレッサーとバーンアウトの関係を中心に――教育心理学研究, 51, 165-174.
東京都教育庁総務部教育情報課 (2002). 主任制度に関する検討委員会　最終報告〈http://www.kyoiku.metro.tokyo.jp/buka/jinji/shuninh6.htm〉（平成 23 年 1 月 13 日）
渡辺直登 (1989). 職場のストレスとメンタルヘルス　原岡一馬・若林　満（編著）組織の中の人間　福村出版. pp. 142-174.
山内久美・小林芳郎 (2000). 小・中・高校教員の教職に対する自己認識――教師に対する有効な学校コンサルテーションのために――大阪教育大学紀要第Ⅳ部門, 48, 215-232.
油布佐和子 (1990). 教員集団の実証的研究――千葉県 A 市の調査を手掛かりとして――久富善之（編著），教員文化の社会学的研究〈普及版〉多賀出版. pp. 147-207.

理解を深めるための参考文献
- 淵上克義 (1992). 学校組織の人間関係　ナカニシヤ出版.
- 淵上克義 (2005). 学校組織の心理学　日本文化科学社.
- 佐古秀一・曽余田浩史・武井敦史 (2011). 講座　現代学校教育の高度化 12　学校づくりの組織論　学文社.

知識を確認しよう

択一問題

(1) 次の文章を読んで、空欄①〜④に最も適切な用語を、語群ア〜オから選びなさい。ただし、同じ数字の空欄には同じ用語が入るものとする。

[説明]
　組織の構造的な特徴は、（　①　）で表される。（　①　）を基に組織を区分すると、組織全体に果たす機能に応じた（　②　）組織、主体的な経営単位に応じた（　③　）組織、それらを混合した（　④　）組織が挙げられる。

[語群]
ア　マトリックス　　イ　事業別　　ウ　機能別
エ　階層　　オ　部門化

(2) 以下のストレスについての説明で、適切なものの組み合わせを以下のア〜オから１つ選びなさい。
① 学校の勤務時間が正しく守られているので、校務が教師のストレスの原因になることはない。
② ストレスは、原因にあたるストレッサー、結果にあたるストレインに区分される。
③ 過多のストレスによって身体症状が出たり病気になることはない。
④ 教師のストレスは、しばしばヒューマンサービス従事者に特有なものとして論じられる。
　　　ア　①②　　イ　①③　　ウ　②③　　エ　②④　　オ　③④

(3) 次の①〜④の文章は、変革型リーダーシップを構成する内容に関する用語について説明したものである。①〜④の説明と、a〜dの用語の組み合わせとして正しいものを、下のア〜エの組み合わせから１つ選びなさい。

［説明］
① リーダーが部下に対して、どのようにして役割を果たすかについて新しい見方を提案する。
② リーダーが将来のビジョンを描くことができ、目標達成ができるという信念を伝える。
③ リーダーが、部下の個別指導やコーチングに時間をかける。
④ リーダーが、部下たちが尊敬の念を抱くような行動をする。

［用語］
a 理想化された影響力　　b 霊的な動機づけ
c 知的な刺激　　d 個別配慮性

　ア　①a ②b ③c ④d　　イ　①d ②c ③b ④a
　ウ　①c ②a ③d ④b　　エ　①b ②a ③c ④d

論述問題

(1) 学校組織の特徴の一つである個業性について述べなさい。
(2) これからの学校長に求められるリーダーシップのあり方について述べなさい。
(3) 教師のバーンアウトはどうして生じやすいかについて述べなさい。

知識を確認しよう
解説

第1章　発達

●35頁　(1)　正答はオ

① ○　青年期前期の特徴である。青年期は第二次性徴とととともに始まる。第二次性徴は思春期に男女の性的機能を備えるようになることである。身体の急激な変化は、自己の内面への関心を深め、自我の発達を促す。
② ×　児童期中期から後期に出現する同性同士の強い結束力を持った集団をギャング集団という。
③ ×　愛着（アタッチメント）の形成は、乳児期の特徴である。ボウルビィによって提唱された。
④ ×　経済的自立や次世代の育成は、成人期の課題である。青年期には、心理的自立を果たすことが課題とされている。
⑤ ×　幼児期に概念が生まれるが、その概念は大人の概念に比較し、不正確で雑多であり、見た目に惑わされる直観的思考が見られる。また、自己中心性もこの時期の思考の特徴である。
⑥ ×　幼児期の特徴である。母子分離が進み、自我の芽生えの時期に自己主張が激しくなる。
⑦ ○　青年期の特徴である。成人期の経済的自立に対して、青年期は心理的自立を図る。それまで依存してきた親から心理的に独立を図ることを心理的離乳と呼んでいる。

●35頁　(2)　正答は、①：ソ　②：ア　③：サ　④：キ　⑤：シ
　　　　　　　⑥：オ　⑦：イ　⑧：ケ　⑨：エ　⑩：セ　⑪：ウ

　発達における遺伝的要因を重視したのが成熟優位説、環境的要因を重視したのが学習優位説である。
　ゲゼルは、一卵性双生児を使った階段上りの実験で、学習に先立つ神経生理学的成熟により学習の準備状態が整うことを重視した。この準備状態をレディネスと呼ぶ。
　一方、ワトソンの行動主義心理学は、学習理論の背景となっており、発達においても学習重視の考え方となる。インドで発見された野生児は、人間にとって、環境が重要であることを示す例として知られている。
　ジェンセンの環境閾値説は、身長、言語、絶対音感などの特性によって遺伝的素質が発現するために必要な環境条件が異なることを示している。

●36頁　(3)　正答は②④⑥
① ○　ピアジェは個体が持つ一般的な認知の枠組みをシェマと呼び、シェマの変化から発達を捉えた。
② ×　既存のシェマを環境に適用することを同化と呼ぶ。環境に適応できている間はそのシェマを用いるが、そのシェマではうまく適応できない状態になると、シェマを修正し環境に適用する。それを調節と呼ぶ。
③ ○　シェマを環境に適用し、同化と調節のバランスを図ることを均衡化と呼ぶ。
④ ×　生後2歳頃までは、感覚運動期と呼ばれ、表象を介さず感覚と運動が直結して環境に適応している。新生児期に見られる新生児反射は、その例である。
⑤ ○　2歳頃になると心的表象を用いて環境と適応するようになる。表象機能が生まれてくるが、概念による思考は不完全で、見た目に惑わされる。この時期を直観的思考期と呼ぶ。
⑥ ×　自己中心性は、直観的思考期の特徴である。具体的操作期になると、知覚から思考が独立し、他者の視点を理解し、自己中心的思考から抜け出す。
⑦ ○　形式的操作期には、目の前にある具体的な事象を離れ、命題を論理的に操作できるようになる。科学における仮説演繹的思考ができるようになる。また、具体的な事象の限界を超え、抽象的思考が可能になる。

第2章　記憶と知識

●60頁　(1)　正答は①：ウ　　②：キ　　③：エ
ア　感覚記憶は十数秒も貯蔵できないし、リハーサルによって保持時間を延長することもできない。
イ　エピソード記憶は、長期記憶の中でも、個人の経験に関するものである。
ウ　短期記憶情報を長く留めたり、長期記憶に定着させたりするために、記憶すべき内容を繰り返すことをリハーサルという。
エ　長期記憶に保持されている内容は、短期記憶と異なり、検索に労力を要することが多いが、数十年を経ても貯蔵されていることがある。
オ　意味記憶は、長期記憶の一種で、言語や概念、法則、知識などの記憶である。
カ　展望記憶は、未来についての記憶である。
キ　短期記憶は、保持時間が十数秒程度の短期的な記憶である。

●60頁　(2)　正答はウ
ア ×　ユダヤ系の心理学者で、アイデンティティやモラトリアムの概念で有名。
イ ×　ドイツに留学したアメリカの心理学者で、児童心理学の基礎を築いた。
ウ ○　自分自身を対象に実験を行い、記憶の忘却過程について明らかにした。
エ ×　アメリカの心理学者で、オペラント条件づけについて体系的に研究を行った。

行動療法などでも有名。
オ × ドイツの精神科医で、体型によってパーソナリティを類型化した。

●60頁 (3) 正答はア
ア ○ 項目をリストで記憶する場合、最初の方の系列位置にある項目と最後の方にある項目の再生率が高いことを示す言葉。
イ × 系列位置効果のうち、最初の方の項目の再生率の高さを示す言葉。
ウ × 児童生徒の学業成績や行動などが、教師の抱いている期待に沿う方向で成就すること。
エ × ソーンダイクが提唱したもので、学習が成立するためには、行動が環境に対して何らかの効果を持つことが必要であること。
オ × 自分の持っている特性は、自分の所属する集団の平均よりも高い、と思うことで自尊感情を高く保とうとすること。

第3章 動機づけ

●79頁 (1) 正答は③
① × 欲求階層説は社会的欲求のみを取り上げて説明しているのではない。
② × 動機づけの過程である。
③ ○
④ × 欲求階層説では、3種類以上の欲求が分類されており、自己実現の欲求は最高部に位置する。
⑤ × 機能的自律性の説明である。

●79頁 (2) 正答は①
① ○
② × 達成動機の個人差と、成功することの期待と、成功することの価値の3つの要因の積として示される。
③ × 自己決定感も重要な要因となる。
④ × アンダーマイニング効果のことである。
⑤ × 能力不足に帰属して、非随伴性の認知が形成されることが重要な要因である。

●80頁 (3) 正答は③
① × 社会的欲求のリストを作成した。
② × 有能性(コンピテンス)の主張をした。
③ ○
④ × 統制感について主張した。

⑤ ×　報酬の制御的側面と情報的側面を強調した。

第4章　学習
●101頁　(1)　　正答は①：ケ　②：イ　③：ア　④：カ
① 洞察学習を提唱したのはケーラーである。彼はチンパンジーを対象とした実験の中で、試行錯誤的に生じない学習の存在を指摘した。
② 自発的な行動と報酬の随伴性によって学習を説明するオペラント条件づけはスキナーによって提唱された。
③ 自身の行動が強化されなくとも、観察によって学習が成立する観察学習を提唱したのはバンデューラである。その他にも、動機づけを説明する自己効力感を提唱した研究者としても有名である。
④ オースベルは知識習得における既有知識の役割を重視し、効果的な学習が成立するうえで、有意味受容学習の重要性や先行オーガナイザーの有効性を指摘した。

●101頁　(2)　　正答はエ
① ×　ジグソー学習の最も大きな意義は、グループの構成員が、それぞれ別の課題を担当し、互いに教え合う点にある。なお、同じ学習課題について議論を行うことで理解を深める手法としてはバズ学習がある。
② ○　パブロフの実験に代表される古典的条件づけの重要な手続きは、無条件刺激（例：エサ）と中性刺激（例：ベルの音）を対提示する点にある。この手続きにより、もともと無条件反応（例：唾液）であった反応が中性刺激を提示されただけでも生起するようになる。
③ ×　適性処遇交互作用とは、教授法の効果が学習者の性質によって異なる現象を指す言葉であり、教授法を選択できる教育システムを指すわけではない。学習者の性質に合わせて教授法を変えることは教育の最適化と呼ばれる。
④ ○　体制化方略は、テキストや講義から知識を習得する際に、情報をまとめ、整理する（構造化する）方略である。その他にも自らの知識と関連づけようとする精緻化方略や、単純に繰り返す反復方略がある。

●102頁　(3)　　正答は①：ク　②：ウ　③：イ　④：カ
① 最近接発達領域はヴィゴツキーが提唱した概念である。ヴィゴツキーの特徴は、子どもの発達を優れた他者の働きかけを通じてできることが、子どもに内化されていく過程と捉える点にあるといえる。
② 同化はピアジェの考えの中心的な用語である。ピアジェは子どもの発達を、既存の認知構造（シェマ）との外界の事物の統合過程と捉えており、シェマを変化させずに取り込む作用を同化と呼び、シェマ自体を変化させる作用を調節と呼んだ。

③ 獲得させたい行動が非常に複雑である場合には、目標となる行動に近づけるように、簡単な行動から徐々に条件づけを行えばよい。反応形成はこうした条件づけの手続きであり、シェイピングとも呼ばれる。
④ 条件づけを理解するうえで重要な用語である。条件づけの際に用いられた刺激だけでなく、その刺激と類似した刺激にも、条件反応が生起するようになることを般化と呼び、逆に、異なる刺激に対して異なる反応を示すようになることを弁別と呼ぶ。これら2つの対になる概念はしっかりと確認しておきたい。

第5章　測定と評価

●127頁　(1)　正答はウ
① ×　流動性知能は、新しい課題を解決することや、推理や情報を使う能力であり、高齢者ではなく、若者にとって重要な知能である。
② ○　スピアマンは、あらゆる課題の解決や思考に共通する知能を一般知能と呼び、個別の課題に固有な知能を特殊知能と呼んだ。
③ ○　ゴールトンやスピアマンが、現在の相関や因子分析の原型となる手法によって知能研究を始め、計量心理学の基礎を作った。
④ ×　結晶性知能は、これまでに獲得した知識や技能に関する能力であり、成人から高齢者にとって重要な知能である。
⑤ ×　サーストンは因子分析の手法を用いて7つの知能因子を抽出したが、サーストンの理論には一般知能は仮定されていない。

●127頁　(2)　正答は⑤
① ×　知能指数は、精神年齢を生活年齢の比率によって表示される。問題文は、偏差知能指数の説明である。
② ×　ドイツの心理学者シュテルンが精神年齢を生活年齢の比率によって表す知能指数を提案した。ターマンはシュテルンの提案した知能指数を、スタンフォード大学版として改訂する際に採用した。
③ ×　ビネー式検査は、問題を年齢基準に従った難易度に並べていることから、成人ではなく、幼稚園生から中学生に適している。
④ ×　ウェクスラーは、知能は一般知能のように、あらゆる課題に共通する能力ではなく、言語や動作など複数の知的能力から構成されると考え、言語性尺度と動作性尺度からなる知能検査を開発した。
⑤ ○　ビネーが知能検査を作成した当初は、子どもが何歳級の問題まで正答できたかを、その子の知能の指標とする精神年齢を採用していた。

●128頁　(3)　正答はア

①、②、③では、以下の概念や方式を説明している。これらの組み合わせとして適当な選択肢は、アである。
① ブルームは、学期や単元の途中で、学習者の理解の程度を把握するための形成的評価を重要視した。形成的評価によって、学習者の動機づけへの対処を含め、今後の授業計画の修正が可能になる。
② 評価の方式の中の個人内評価に関する説明である。努力度評価ともいわれる。
③ 学習者の成績を、評価者の定めた基準に照らし合わせて評価する方法を、絶対的評価という。

第6章　教育相談

●149頁　(1)　　正答は①：コ　②：イ　③：エ　④：サ　⑤：オ
① 試験勉強をするのはいやだが、悪い点数をとるのも嫌だと考えているうちに、突然掃除をしたくなるのは、コの逃避である。この場合は、現実への逃避である。逃避には、空想の世界でストレスを解消する空想への逃避、体調不良になる病気への逃避、そして現実への逃避がある。
② 出身高校の野球部が甲子園に出場することになったので、みんなに自慢したくなるのは、イの同一視である。自分と母校を同一視して、自分のことのように喜びを感じている。
③ イソップ物語で、美味しそうなブドウをどうしても採れなかったキツネが「どうせ酸っぱいブドウだったのだ」と語るのは、エの合理化である。自分の行動は理屈に合っていると自分自身に言い聞かせる言い訳の心理ともいえよう。
④ 2番目の子どもが生まれた後、長子が親に甘えてくるのは、サの退行である。一般に赤ちゃん返りなどといわれるが、しっかり甘えさせることによって、しだいに落ち着きを取り戻すことが多い。
⑤ 先生に叱られて腹が立った生徒が、帰宅後に妹に八つ当たりするのは、オの置き換えである。本当は、先生に文句を言いたいのだが、それができないときに、代わりのものに怒りをぶつけて、欲求不満を解消する行為である。

●149頁　(2)　　正解は④
① ×　登校刺激自体が悪いわけではない。たしかに強すぎる登校刺激は、心理的な混乱をもたらすことはあるが、安定しているのであれば、ステップアップを目指した登校へのきっかけを与えることは良いことである。
② ×　スクールカウンセラー、養護教諭、担任には、各々の役割があるが、情報を共有しながら、連携することが大切である。時には、ある子どもの問題解決するために、役割分担することもあるだろう。

③ × 不登校を家庭問題だけのせいにするのは誤りである。また家庭に問題を感じる場合でも、家族を責めず、家族を支援することが大切である。
④ ○ 大きすぎる不安を取り除き、小さな不安を乗り越えて、少しずつ学校に慣れる必要がある。親による送迎や、苦手な授業を免除するなどの方法もある。
⑤ × 別室登校は甘やかしではなく、再登校のための有効なステップになり得る。完全不登校だった子どもが、相談室登校、保健室登校を短時間始め、しだいに1日在室できるようになり、そこから教室の授業にも徐々に出席できるように導くことができる。

● 150 頁　(3)　　正解は①
① ○ カウンセラー以外の教員も、カウンセリングの手法を活かすことは、有用である。カウンセリング・マインドは、学校内の多くの場面で活用できるだろう。
② × ロジャースの考え方が基本ではあるが、来談者中心療法以外にも、カウンセリングの理論と技法は多数ある。1つの理論だけではなく、複数の理論を学び、教育現場に活用したい。
③ × 命の危険がある場合などは、守秘義務の範囲外である。必要に応じて関係者と情報を共有し、命を守らなければならない。守秘義務は個人で守る場合と、関係者によるチームとしての守秘義務を守る場合とがある。
④ × クライエントの感情には、共感的理解を示したい。ただし、たとえば暴力や万引きなどの行動を支持するわけはない。そのようにしたくなった感情に共感を示したうえで、現実的な対応がとれるように支援していく必要がある。
⑤ × 自由連想法を使って、原因となった過去の問題を探り、無意識を意識化するのは、精神分析療法である。ブリーフセラピー（短期療法）は、過去の原因よりもむしろ未来の可能性を探る療法である。精神分析は長い期間をかけて、深層心理の問題を解決しようとするものだが、ブリーフセラピーは、生じている問題解決に焦点を合わせ、短時間の面談、短期間の関わり合いでも効果を上げようとする療法である。

第 7 章　学級経営

● 172 頁　(1)　　正答は①：エ　②：オ　③：カ　④：キ　⑤：ケ
① 教師は児童生徒の人間関係について考慮することが必要である。
② 学習を進めるためには、学習における基本的習慣を確立することが必要である。
③ 基本的習慣を確立することに必要なものの中では、時間を大切にすることが必要である。
④ 学級経営と学習指導と並んで、学級経営と道徳を併せて行うことが重要である。
⑤ 学級経営と学習指導、学級経営と道徳に加えて、学級経営と特別活動を併せて行

うことが大切になる。

● 172頁　(2)　　正答はエ
①　○　学級経営は子どもの健全な発達を促す生徒指導の充実につながっていることが知られている。
②　○　学級経営は子どもの心の居場所を作ることが重要となってくることが明らかになっている。
③　×　学級の目標は、学校の目標を尊重する必要がある。
④　×　学級経営は担任1人のものではなく、地域との連携は重要である。
⑤　○　教室環境を整えて子どもたちを安心させることは、学級経営を行う場合に重要であることが明らかになっている。

● 173頁　(3)　　正答はオ
①　×　学校環境衛生基準は文部科学省が学校保健安全法により定めているものであるため、各学校の裁量はないと考えられる。
②　○　学校の明るさの基準は、教室およびそれに準ずる場所の照度の下限値は300 lx（ルクス）とする。また、教室および黒板の照度は500 lxであり、このことは学校環境衛生基準によって定められている。
③　×　学校の騒音についての基準についても、学校環境衛生基準によって定められているので、各学校の裁量はない。
④　○　学校の教室内の温度についての基準についても、学校環境衛生基準によって、10℃以上、30℃以下であることが望ましいことが定められている。学校の立地条件には関係なく季節を考慮して異なっており、その差は20℃である。
⑤　×　学校環境衛生基準は測定方法なども統一しており、換気について、数値としては二酸化炭素、1500 ppm以下であることが望ましいと定められている。

第8章　組織としての学校

● 193頁　(1)　　正答は①：オ　②：ウ　③：イ　④：ア
①　組織の構造的特徴は、部門化で表すことができる。
②　専門職能ごとに組織の部門化が行われる場合を、機能別組織という。
③　達成すべき組織の成果目的に基づいて部門化が行われる場合を、事業部別組織という。
④　機能別の部門化と目的別の部門化とが混合した組織形態は、マトリックス組織である。

● 193頁 （2）　　正答はエ
① ×　教師の学校での勤務時間は建前上守られていることになっているが、校務は多岐にわたり、勤務時間内で終了できるとは限らない。教師の多忙感は大きい。
② ○　ストレス研究の創始者セリエは、原因にあたる要因をストレッサーと呼んだ。
③ ×　過多のストレス（ストレッサー）が負荷されると、心身症と呼ばれる一連の身体疾患が生じることがある。
④ ○　教師は多くの児童生徒を相手にしているので、（看護師や接客業従事者と同じように）ヒューマンサービス事業者とみなされる。

● 193頁 （3）　　正答はウ
　Bass & Avolio（1993）は、変革型リーダーシップを4要素（「4つのI（アイ）」）から構成されるとした。
① 知的な刺激（Intellectual stimulation）についての説明。人々の努力を革新的にするよう刺激する。
② 理想化された影響力（Idealized influence）についての説明。この影響力によって、人々はリーダーのようになりたいと願望する。
③ 個別配慮性（Individualized consideration）についての説明。個々人の欲求に対してリーダーは特別な注意を払う。
④ 霊的な動機づけ（Inspirational motivation）についての説明。リーダーが人々の仕事に対して意味を与え発憤させる。

索引

あ行

愛着（アタッチメント）…28
アトキンソン
　Atkinson, J. W. ………65
アミニズム………………30
アンダーマイニング効果…69
安定性……………………71
いじめ…………………142
一語文…………………27
一次の動機………………62
一般知能………………108
意味記憶………………44
因子分析………………106
ヴィゴツキー
　Vygotsky, L. S. …17, 21, 92
ウェクスラー
　Wechsler, D. ………113
ウエンツエル
　Wentzel, K. R. ………75
うつ病…………………139
ヴント
　Wundt, W. ……………4
S-R 理論………………82
エピソード記憶…………43
エビングハウスの保持
　（忘却）曲線…………40
M 機能…………………183
エリクソン
　Erikson, E. H. ………23
エンズワース
　Ainsworth, M. D. S. …29
小此木啓吾……………32
オペラント条件づけ…84, 85
オールポート
　Allport, G. W. ………64

か行

外言………………………21
階層的意味ネットワーク
　モデル………………49
外的統制感……………74
概念……………………49
概念地図法……………53
開発的教育相談………131
外発的動機づけ………64
回避行動………………65
カウンセリング………144
カウンセリング・マインド
　……………………145
カウンターパートセッション
　……………………95
学習………………………8
学習曲線………………87
学習指導………………155
学習障害（LD）………140
学習性無力感…………73
学習方略………………90
学習優位説……………17
仮説実験授業…………54
学級……………………152
学級経営………………152
学校環境衛生基準……159
学校風土………………182
活性化拡散モデル……51
葛藤（コンフリクト）…136
空の巣症候群…………33
感覚運動期…………19, 29
感覚記憶………………41
感覚遮断の実験………68
環境閾値説……………17
関係性…………………75
観察学習………………88
観察法…………………10

干渉説…………………39
カント
　Kant, I. ………………4
緘黙症…………………139
気質……………………132
期待価値説……………65
機能的自律性…………64
機能別組織（職能別組織）
　……………………176
規範意識………………158
基本的信頼感…………27
キャッテル
　Cattell, R. B. ………111
キャノン
　Cannon, W. B. ………64
ギャング・エイジ……30
教育相談………………130
教育測定…………………9
教育測定運動……………5
教育評価…………………9
強化………………85, 87
境界人…………………31
強化子…………………85
協働化…………………180
協働の組織……………180
勤勉性対劣等感………30
具体的操作期………20, 30
クライエント…………145
クリーク………………32
経営……………………152
形式的操作期………21, 31
形成的評価………120, 122
系統的脱感作法………146
計量心理学……………105
系列位置効果…………56
ゲゼル
　Gesell, A. ………16, 22
結晶性知能…………33, 111

原因帰属·····················70	子宮外胎児·····················26	診断的評価············120,121
原因の所在·····················71	事業部別組織·········176,177	進歩の評価·················120
検索····························39	ジグソー学習············94,95	信頼性·················11,124
検索失敗説·····················39	ジグソーセッション········95	心理学····························2
原始反射·····················25	自己概念（セルフイメージ）	心理検査法···················11
減衰説························39	····························135	心理社会的危機·············23
構成概念····················104	自己関連情報·················67	心理的離乳···················32
構成概念妥当性············124	自己決定感·····················68	遂行目標······················75
行動主義···············82,86,87	自己照合効果·················45	随伴性·························85
行動随伴性·····················85	自己中心性·····················29	随伴性の認知·················74
光背効果····················124	自殺·····························143	スキーマ······················48
広汎性発達障害············141	指示的カウンセリング····145	スキャモン
交流型リーダーシップ····184	自然観察法·····················10	Scammon, R. E. ···········15
個業性組織··················179	『実験教育学講義』···········5	スクリプト···················48
こころの理論·················30	『実験教育学綱要』···········5	スクールカウンセラー····146
個人差·······················105	実験条件··························11	スクールリーダー·········186
個人内評価··················120	実験的観察法·················10	ストレイン··················187
古典的条件づけ·········82,83	実験法·····························10	ストレス······················187
ゴールトン	実証的方法·····················3	ストレッサー···············187
Galton, F. ·············5, 105	実践共同体·····················99	スピアマン
コールバーグ	「疾風怒濤」の時代··········31	Spearman, C. E. ········108
Kohlberg, L. ···············24	質問紙法··························11	生活・生徒指導············157
コントロール方略············91	児童期·····························30	生活年齢······················113
コンドン	自閉症スペクトラム·······141	制御の側面···················70
Condon, W. S. ············27	シモン	成熟優位説···················16
	Simon, T. ············5, 112	精神年齢······················112
さ行	社会的責任目標··············75	精神分析療法···············146
	社会的欲求·····················63	生成効果······················46
最近接発達領域···············92	習熟目標··························75	精緻化方略···················91
再生····························39	集団と適応······················9	成長····························14
再認····························39	集中練習·························47	正統的周辺参加··············99
サーストン	シュテルン	青年期···························31
Thurstone, L. L. ········110	Stern, W. ··········17, 113	接近行動······················65
参加観察法·····················10	準備状態（レディネス）···16	摂食障害·····················139
サンダー	生涯発達··················14, 18	絶対評価·····················119
Sander, L. W. ·············27	消去····························85	先行オーガナイザー····52,89
シェマ····················19,88	状況論的アプローチ········98	前操作期················20, 29
ジェームズ	条件刺激················83, 84	総括的評価············120,122
James, W. ·····················4	条件づけ·······················82	相関····························106
ジェンセン	条件反応·························83	早期完了······················32
Jensen, A. R. ···············17	情報的側面·····················70	相互作用説···················17
自我同一性·····················24	処理水準説···············45, 90	操作期···························20
自我同一性地位··············32	自律性··························68	相対評価·····················119
自我同一性の拡散············32	心身症·························188	即時フィードバック········86
自我同一性の獲得············31	新生児期·························25	組織風土·····················181

素朴理論 …………………… 54
ソーンダイク
　Thorndike, E. L. ………… 5

た行

第一反抗期 ………………… 29
体制化方略 ………………… 91
第二次性徴 ………………… 31
第二の誕生 ………………… 31
多因子説 …………………… 110
ダーウィン
　Darwin, C. ……………… 105
他者志向的動機 …………… 76
達成動機 …………………… 63
達成目標 …………………… 74
妥当性 ………………… 12, 124
田中寛一 …………………… 6
ターマン
　Terman, L. M. ………… 112
短期記憶 …………………… 41
チック …………………… 139
知能 ………………………… 108
知能指数 …………………… 113
チャンク …………………… 41
注意欠陥多動性障害
　（ADHD）……………… 140
中間人 ……………………… 31
中性刺激 …………………… 83
中年クライシス …………… 33
長期記憶 …………………… 43
調節 …………………… 19, 88
貯蔵 ………………………… 38
治療的教育相談 ………… 131
対提示 ……………………… 83
DSM（精神障害の診断と
　統計の手引き）………… 141
ティーチングマシン ……… 87
適応 ……………………… 135
適応機制 ………………… 136
適性処遇交互作用 …… 95, 97
デシ
　Deci, E. L. …………… 68, 69
手続き記憶 ………………… 44
デューイ

Dewey, J. ………………… 5
ドゥエック
　Dweck, C. S. ………… 71, 75
同化 …………………… 19, 88
動機づけ …………………… 62
動機づけの内在化 ………… 69
洞察学習 …………………… 87
統制可能性 ………………… 71
統制感 ……………………… 74
統制条件 …………………… 11
特殊知能 ………………… 108
特性論 …………………… 134
努力度評価 ……………… 120

な行

内言 ………………………… 21
内的統制感 ………………… 74
内発的動機づけ …………… 67
樽埼浅太郎 ………………… 6
喃語 ………………………… 27
2因子説 ………………… 108
二次的動機 ………………… 62
ニスベット
　Nisbett, R. E. ………… 111
日本教育心理学会 ………… 6
乳児期 ……………………… 25
認知主義 …………………… 88
認知的方略 ………………… 90
ノード ……………………… 51

は行

バウアー
　Bower, T. G. R. ………… 21
箱庭療法 ………………… 146
パーソナリティ ………… 132
罰 ………………… 85, 86, 87
発生的認識論 ……………… 19
発達 ………………………… 8
発達加速現象 ……………… 31
発達曲線 …………………… 15
発達障害 ………………… 140
発達段階 …………………… 25
発達の最近接領域 ………… 21

バルテス
　Baltes, P. B. ……………… 18
ハーロー
　Harlow, H. F. ………… 28, 68
バーンアウト …………… 189
般化 ………………………… 84
反社会的行動 …………… 137
反応形成（シェイピング）
 ……………………… 86, 87
反復方略 …………………… 91
ピアジェ
　Piaget, J. ……… 17, 19, 52, 88
PM理論 ………………… 183
P機能 …………………… 183
ピグマリオン効果 ……… 123
非行 ……………………… 142
非参加観察法 ……………… 10
非社会的行動 …………… 137
PTSD（心的外傷後ストレス
　障害）…………………… 138
PDCA …………………… 161
ビネー
　Binet, A. …………… 5, 111
ビネー・シモン式知能検査
 ………………………………… 5
表象期 ……………………… 20
ファンツ
　Fantz, R. L. …………… 26
輻輳説 ……………………… 17
符号化 ……………………… 38
符号化特定性原理 ………… 46
不登校 …………………… 137
プライミング記憶 ………… 44
プラトー（高原現象）…… 87
ブリーフ・セラピー（短期
　療法）…………………… 146
フリン
　Flynn, J. R. …………… 117
フリン効果 ……………… 117
ブルーム
　Bloom, B. S. …………… 120
フロイト
　Freud, S. ………………… 22
プログラム学習 …………… 86
分散練習 …………………… 47

ペスタロッチ
　Pestalozzi, J. H. ……………4
ベラック
　Bellak, L. …………………32
ヘルバルト
　Helbart, J. F. ………………4
変革型リーダーシップ ……184
偏差知能指数 ………………114
弁別 ……………………………84
忘却 ……………………………39
ボウルビィ
　Bowlby, J. …………………28
ポートマン
　Portmann, A. ………………26
ホメオスタシス ………………64
ホール
　Hall, G. S. …………………5, 31
ホワイト
　White, R. W. ………………68

ま行

マジカル・ナンバー 7±2 …41
マーシャ
　Marcia, J. E. ………………32
マズロー
　Maslow, A. H. ……………63
マックレランド
　McClelland, D. C. …………63
松本亦太郎 ……………………6
マトリックス組織 …………177
マレー
　Murray, H. A. ……………63

無条件刺激 ……………………83
無条件反応 ……………………83
メイヤー
　Maier, S. F. ………………73
メタ認知的方略 ………90, 91
モイマン
　Meumann, E. ………………5
元良勇次郎 ……………………6
モニタリング方略 ……………91
物の永続性 ……………………21
モラトリアム …………………32
モラトリアム人間 ……………32

や行

約束（ルール）……………158
役割 …………………………162
野生児 …………………………17
山アラシのジレンマ …………32
有意味受容学習 ………………89
誘因価 …………………………62
優生学 ………………………105
有能さ …………………………68
幼児期 …………………………29
抑制説 …………………………40
欲求階層説 ……………………63
欲求不満（フラストレーション）……………62, 136
予防的教育相談 ……………131

ら行

ライアン

Ryan, R. M. ………………68
来談者中心療法（非指示的カウンセリング）……145
リーダーシップ ……………182
リハーサル ……………………41
リビドー ………………………22
流動性知能 ……………33, 111
リンク …………………………51
類型論 ………………………133
ルソー
　Rousseau, J.- J. ………4, 31
レディネス ……………………22
レンジ効果 …………………110
老化 ……………………………33
ロジャース
　Rogers, C. R. ……………145
ロッター
　Rotter, J. B. ………………74
ロール・テイキング
　（トレーニング）………167
ロール・プレイング ………165

わ行

ワイナー
　Weiner, B. …………………71
ワーキング・メモリ（作動記憶、作業記憶）………42
ワトソン
　Watson, J. B. ………………17

編者・執筆分担

和田万紀（わだ　まき）……………………………はじめに、序章、第3章
日本大学法学部　教授

執筆者（五十音順）・執筆分担

伊坂裕子（いさか　ひろこ）……………………………………… 第1章
日本大学国際関係学部　准教授

伊藤令枝（いとう　よしえ）……………………………………… 第2章
日本大学理工学部　助教

碓井真史（うすい　まふみ）……………………………………… 第6章
新潟青陵大学大学院臨床心理学研究科　教授

篠ヶ谷圭太（しのがや　けいた）………………………………… 第4章
日本大学経済学部　助教

田中堅一郎（たなか　けんいちろう）…………………………… 第8章
日本大学大学院総合社会情報研究科　教授

時田学（ときた　がく）…………………………………………… 第7章
日本大学商学部　准教授

戸澤純子（とざわじゅんこ）……………………………………… 第5章
川村学園女子大学生活創造学部　教授

Next 教科書シリーズ 教育心理学

2014（平成26）年4月15日　初版1刷発行

編　者	和　田　万　紀	
発行者	鯉　渕　友　南	
発行所	株式会社 弘 文 堂	101-0062　東京都千代田区神田駿河台1の7 TEL 03(3294)4801　　振替 00120-6-53909 http://www.koubundou.co.jp
装　丁	水木喜美男	
印　刷	三美印刷	
製　本	井上製本所	

©2014 Maki Wada. Printed in Japan

JCOPY 〈(社)出版者著作権管理機構　委託出版物〉
本書の無断複写は著作権法上での例外を除き禁じられています。複写される場合は、そのつど事前に、(社)出版者著作権管理機構（電話 03-3513-6969、FAX 03-3513-6979、e-mail : info@jcopy.or.jp）の許諾を得てください。
また本書を代行業者等の第三者に依頼してスキャンやデジタル化することは、たとえ個人や家庭内の利用であっても一切認められておりません。

ISBN978-4-335-00212-0

Next 教科書シリーズ 好評既刊

授業の予習や独習に適した初学者向けの大学テキスト

(刊行順)

『心理学』[第2版] 和田万紀＝編 —定価(本体2100円＋税) ISBN978-4-335-00205-2

『政治学』 山田光矢＝編 —定価(本体2000円＋税) ISBN978-4-335-00192-5

『行政学』 外山公美＝編 —定価(本体2400円＋税) ISBN978-4-335-00195-6

『国際法』[第2版] 渡部茂己・喜多義人＝編 —定価(本体2200円＋税) ISBN978-4-335-00211-3

『現代商取引法』 藤田勝利・工藤聡一＝編 —定価(本体2800円＋税) ISBN978-4-335-00193-2

『刑事訴訟法』 関 正晴＝編 —定価(本体2400円＋税) ISBN978-4-335-00197-0

『行政法』 池村正道＝編 —定価(本体2800円＋税) ISBN978-4-335-00196-3

『民事訴訟法』 小田 司＝編 —定価(本体2200円＋税) ISBN978-4-335-00198-7

『日本経済論』 稲葉陽二・乾友彦・伊ヶ崎大理＝編 —定価(本体2200円＋税) ISBN978-4-335-00200-7

『地方自治論』 山田光矢・代田剛彦＝編 —定価(本体2000円＋税) ISBN978-4-335-00199-4

『憲法』 齋藤康輝・高畑英一郎＝編 —定価(本体2100円＋税) ISBN978-4-335-00204-5

『教育政策・行政』 安藤忠・壽福隆人＝編 —定価(本体2200円＋税) ISBN978-4-335-00201-4

『国際関係論』 佐渡友哲・信夫隆司＝編 —定価(本体2200円＋税) ISBN978-4-335-00203-8

『労働法』 新谷眞人＝編 —定価(本体2000円＋税) ISBN978-4-335-00206-9

『刑事法入門』 船山泰範＝編 —定価(本体2000円＋税) ISBN978-4-335-00210-6

『西洋政治史』 杉本 稔＝編 —定価(本体2000円＋税) ISBN978-4-335-00202-1

『社会保障』 神尾真知子・古橋エツ子＝編 —定価(本体2000円＋税) ISBN978-4-335-00208-3

『民事執行法・民事保全法』 小田 司＝編 —定価(本体2500円＋税) ISBN978-4-335-00207-6

『教育心理学』 和田万紀＝編 —定価(本体2000円＋税) ISBN978-4-335-00212-0